직녀에게

직녀에게

2025년 9월 15일 초판 1쇄 인쇄
2025년 9월 23일 초판 1쇄 발행

지은이 | 문병란
펴낸이 | 孫貞順

펴낸곳 | 도서출판 작가
       (03756) 서울 서대문구 북아현로6길 50
       전화 | 02)365-8111~2 팩스 | 02)365-8110
       이메일 | morebook@naver.com
       홈페이지 | www.morebook.co.kr
       등록번호 | 제13-630호(2000. 2. 9.)

기획 | 문병란시인기념사업회
편집 | 손희 양진호 설재원
디자인 | 오경은 이동홍
마케팅 | 박영민
관리 | 이용승

ⓒ문병란, 2025. Printed in Seoul, Korea.
ISBN 979-11-94366-99-7 (03810)

* 이 책의 판권은 지은이와 도서출판 작가에 있습니다.
  양측의 서면 동의 없는 무단 전제 및 복제를 금합니다.
* 잘못된 책은 구입하신 서점에서 바꾸어 드립니다.

값 15,000원

작가 시인선 024

직녀에게

문병란 시선집

작가

| 발간사 |

문병란 시인의 10주기 추모시집을 출간하며

이명한 (문병란시인기념사업회 회장)

　해방 이후 우리의 기대와는 달리 전승국들은 이기적 타산으로 3·8도선이라는 분단선을 그어 국토를 양단하였다. 전민족의 반대에도 불구하고 각자의 주둔지에 비극의 씨앗인 개별적인 단독정부를 세워 수백만의 동포가 희생되는 비극을 자아내게 했었다.
　청소년시절에 이런 참담한 상황을 몸소 겪어야 했던 문병란 시인은 분단을 아파하면서, 정치 권력에 의해 자행된 인권유린과 군사적 만행, 정치적 횡포를 바라보면서 분연히 일어나지 않을 수가 없었다. 민중을 깨우치는 시인으로서의 활동이었다.
　분단을 슬퍼하면서 통일을 염원하는 실천감 있는 시는 날개를 달아 남북을 오르내리며 온 민족을 감동시켰고, 정치적 저항과 비판으로 탄압을 받아 고난의 시간을 감수하게도 했다.

시간의 흐름에 따라 많은 시인들이 동참하여 민주화를 전개하였으며, 이런 역경의 역사 속에서 문병란 시인은 민족의 통일과 민주화를 위해 작가적 소명의식으로 문필활동과 실천운동에 열정을 바치셨다. 또한 민족시인으로서 많은 감동을 민중에게 선물하셨다.

타계 10주년을 맞아 그 의의를 살려 '문병란시인기념사업회'의 기획 아래, 통일과 민주화를 추구하신 여러분들의 협조를 얻어 고인을 기리는 시집을 발간하자는 의견이 모아졌다.

논의를 거듭하였고, 문병란 시인의 민족정신을 기리는 뜻을 담아 시 선정과 편집 작업이 진행되었다. 허형만(목포대 명예교수), 김동근(전남대 명예교수), 나종영(전 광주전남작가회의 회장), 백수인(조선대 명예교수), 박노해 시인 등을 비롯한 각 지역의 시인과 학자들이 맡아주었다. 진심으로 사의를 표한다. 또한 갑자기 부탁드렸음에도 추천의 글, 회고의 글을 흔쾌히 허락하신 백낙청, 임헌영, 김준태 선생님께 감사드린다.

이 추모시집은 평소 독자들에게 사랑받는 문병란 시인의 대표작을 묶었기에, 그의 시작품의 진수를 보여주는 시선집임에 틀림없다.

문병란 시인 사후 10주년을 맞아 무엇보다 의미 있는 일이 될 것이다.

문득 문병란 시인이 그립다.

2025년 9월
이명한

차례

발간사 이명한(문병란시인기념사업회 회장, 소설가)

1부

꽃씨 13
가로수 14
씀바귀의 노래 16
꽃에게 18
가을의 여백에 앉아서 20
비 오는 날의 시 22
바다가 내게 24
호수 26
꽃을 위한 변증법 27
낙엽을 밟으면서 너는 오너라 30
겨울 보리 32
꽃의 생식기 34
정당성 1 36
정당성 2 39
성삼문의 혀舌 41
백지 앞에서 43
희망가 45
9월의 시 47

2부

시詩 51
첫사랑 55
쓴맛 56
흔들리기 58
역두에서 60
불혹의 연가 62
아버지의 귀로歸路 65
새벽의 차이코프스키 68
연애하는 사람은 강하다 69
인연서설 72
개 74
장난감이 없는 아이들 79
박타령 3 82
작별사作別詞 85
식민지의 국어시간 87
새벽의 서書 90

3부

무등산 95
전라도 노래 97
죽순밭에서 102
고무신 105
전라도 젓갈 109
전라도 뻐꾸기 111
고향의 들국화 114
고향 소식 116
목포 118
엉머구리의 합창 120
불면의 연대 123
땅의 연가戀歌 125
지상에 바치는 나의 노래 128

4부

부활의 노래 133
직녀에게 141
화정동의 저녁노을 143
아직은 슬퍼할 때가 아니다 144
백골예찬 146
우리를 가로막고 있는 것 148
코카콜라 152
정신대 할머니 155
일본 157
취조실에서 163
새벽이 오기까지는 166
다시 오월은 와야 한다 169
무등산에 올라 부르는 백두산 노래 171

회고의 글
무등산이 낳은 건결한 시인 문병란_김준태(시인) 174

문병란 시인 연보

1부

꽃씨

가을날
빈손에 받아 든 작은 꽃씨 한 알!

그 숱한 잎이며 꽃이며
찬란한 빛깔이 사라진 다음,
오직 한 알의 작은 꽃씨 속에 모여든 가을.

빛나는 여름의 오후午後,
핏빛 꽃들의 몸부림과
뜨거운 노을의 입김이 여물어
하나의 무게로 만져지는 것일까.

비애悲哀의 껍질을 모아 불태워 버리면
갑자기 뜰이 넓어가는 가을날
내 마음 어느 깊이에서도
고이 여물어 가는 빛나는 외로움!

오늘은 한 알의 꽃씨를 골라
기인 기다림의 창변窓邊에
화려한 어젯날의 대화對話를 묻는다.

가로수

향수는 끝나고
그리하여 우리들은 오후의 강변에서
돌아와 섰다.

생활의 폐허에 부대끼던 겨울을 벗으면
빙점에 서서 기다리는 우리들의 3월—
동상凍傷의 가지마다
부풀은 지열에 창문이 열린다.

허기진 발자국들이 돌아오는 오후의 입구,
아무데서나 너의 인사는 반갑고
너와 같이 걷는 이 길은
시진한 고독을 나누며 가는 계절의 좁은 길.

빈손 마주 모으고 돌아오는 밤이면
가난을 열지어 흐르는 어둠 속
서러운 까닭은
우리 모두 사랑을 따로이 간직하기 때문이다.

어둠을 호흡하는 고요론 자리

누리지는 별빛을 머금어
다가오는 3월 같은 머언 얼굴들이
쏟고 간 눈물.

너는 보내야 했듯이 또 맞아야 하기에
철 따라
새 옷으로 갈아입은 미쁘운 여인.

여기는 계절이 맨발로 걸어왔다
맨발로 걸어 돌아가는 길목.

가자,
우리 소망의 머언 산정이 보이면
목이 메이는 오후.
가로에 나서면
너와 같이 나란히 거닐고 자운

너는 5월의 휘앙세, 기대어 서면 너도
나와 같이 고향이 멀다.

씀바귀의 노래

달콤하기가 싫어서
미지근하기가 싫어서
혀끝에 스미는 향기가 싫어서

온몸에 씀내를 지니고
저만치 돌아 앉아
앵도라진 눈동자
결코 아양 떨며 웃기가 싫어서

진종일 바람은 설레이는데
눈물 죽죽 흘리기가 싫어서
애원하며 매달려 하소연하기가 싫어서

온몸에 툭 쏘는 풋내를 지니고
그대 희멀쑥한 손길 뿌리쳐
눈웃음치며 그대 옷자락에 매달려
삽상하게 스미는 봄바람이 싫어서

건달들 하룻밤 입가심
기름낀 그대 창자 속

포만한 하품 씻어내는 디저트가 되기 싫어서

뿌리에서 머리끝까지 온통 쓴 내음
어느 흉년 가난한 사람의 창자 속에 들어가
맹물로 피를 만드는

모진 분노가 되었네
그대 코끝에 스미는
씁쓰름한 향기가 되었네.

꽃에게

차라리
마지막 옷을 벗어버려라.

밤마다 비밀을 감추고
마지막 부분,
부끄러운 데를 가리우던
그날부터,

내 앞에
위태롭게 서 있던 자태,

너를 탐내는 눈길 앞에
너를 더듬어 찾는 음모의 손길 앞에
간신히 지켜온
비밀,
가장 안에 감춘 빛나는 아픔을 보여 주어라.

그 어느 빛의 언저리에서
간음 당하는 너의
화심花心,

이 눈부신 밝음 앞에
탐욕의 눈길들이 너를 찾고 있다.

오늘의 수치,
백주의 무법無法 앞에
알몸으로 떨고 있는 꽃이여.

아슬아슬한 빛의 난간에서
네가 마지막 지킨
분노,
어느 절정에 눈을 꼭 감고 있느냐.

이제 지켜야 할 아무것도 없는
적나라赤裸裸한 가슴,
차라리
찬란한 밝음을 갈갈이 찢어 버려라.

가을의 여백에 앉아서

가을은 먼저
4만 원짜리 횟감 두 접시와
우리들의 단란한 술잔 속에 와서
비린내도 향그러운 가을바다
아침이슬 한 잔씩을 가득 채웠다.

길고 지루한 장마가 끝나고
모처럼 하늘이 높고 푸른 날
때마침 제철 만난
남해 바다 전어 떼
그 싱싱한 비린내 속에서
우리들의 눈빛 가득
익어 가는 가을이 주렁주렁 열렸다.

시인은 술보다
은비늘 파닥이는 가을바다에 취하여
코스모스 손짓하는 바닷가 횟집의
풍어의 식탁 앞에 허리띠를 풀고
원고료 없는 시 청탁에 쉽게 응하였다.

일금 5만 원짜리 원고료 대신
그 다섯 배 비싼 점심을 대접받고
가을의 여백에 앉아
우리들은 이미 모두
가슴 속 깊은 곳에서
시인이 되어 붉으레 고운 단풍이 들고 있었다.

가을은 취하는 달
그리고 외상으로도 서로 사랑하는 달.

비 오는 날의 시

비 오는 날 비로소
나는 구두가 새는 것을 알았다.

궂은 땅 더러운 땅
아무 데나 딛고 다니면서
고마운 줄 몰랐던 구두

너는 어느덧
헌 구두가 되어 있었구나
무좀기 있는 내 발가락 사이
솔솔 풍기는 고린내를 기억하는가.

구두야, 이젠 비 오면 물이 새는
헌 구두야, 수많은 길을 걸어
나의 모진 발바닥 밑에서
너의 여린 살가죽은 닳고 닳았지.

쉽게 바꾸고
쉽게 버리는 우리들의 인정
나와 가장 가까이 지냈던

네가 쓰레기통으로 가는 날
나는 나이 한 살 더 먹었다! 헌 구두야!

바다가 내게

내 생의 고독한 정오에
세 번째의 절망을 만났을 때
나는 남몰래 바닷가에 갔다.

아무도 없는 겨울의 빈 바닷가
머리 풀고 흐느껴 우는
안타까운 파도의 울음소리
인간은 왜 비루하고 외로운 것인가.

사랑하는 사람을 울려야 하고
마침내 못 다 채운 가슴을 안고
우리는 왜 서로 헤어져야 하는가.

작은 몸뚱이 하나 감출 수 없는
어느 절벽 끝에 서면
인간은 외로운 고아,
바다는 모로 누워
잠들지 못하는 가슴을 안고 한밤 내 운다.

너를 울린 곡절도, 사랑의 업보도

한 데 섞어 눈물지으면
만남의 기쁨도
이별의 아픔도
허허 몰아쳐 웃어 버리는 바다

사랑은 고도에 깜박이는 등불로
조용히 흔들리다
조개 껍질 속에 고이는
한 줌 노을 같은 종언인가.

몸뚱이보다 무거운 절망을 안고
어느 절벽 끝에 서면
내 가슴 벽에 몰아와
허옇게 부서져 가는 파도소리…

사랑하라 사랑하라
아직은 더욱 뜨겁게 포옹하라
바다는 내게 속삭이며
마지막 구석까지 채우고 싶어
출렁이며 출렁이며 밀려오고 있었다.

호수

수많은 사람을 만나고 온 밤에
꼭 만나고 싶은 사람이 있다.

무수한 어깨들 사이에서
무수한 눈길의 번뜩임 사이에서
더욱 더 가슴 저미는 고독을 안고
시간의 변두리로 밀려나면
비로소 만나고 싶은 사람이 있다.

수많은 사람 사이를 지나고
수많은 사람을 사랑해 버린 다음
비로소 만나야 할 사람
비로소 사랑해야 할 사람
이 긴 기다림은 무엇인가.

바람 같은 목마름을 안고
모든 사람과 헤어진 다음
모든 사랑이 끝난 다음
비로소 사랑하고 싶은 사람이여
이 어쩔 수 없는 그리움이여.

꽃을 위한 변증법

봄이 되어
부러진 가지에서
꽃망울이
툭툭 터지는 것을 보면
생명이 얼마나 소중한가 알게 된다.

손톱 밑에 작은 가시만 박혀도
아파서 끙끙대는 약한 육신,
꽃을 보면
살을 찢긴 고문 끝에
끝내 매를 이긴 사나이의
그 모진 사랑의 눈물을 알고 만다.

살점이 묻어나는 쇠좆매 앞에서도
일인日人 형사의 얼굴에 침을 뱉았다는
옛 선열들의 일화를 떠올리며
이른 봄에 꽃 피기가
얼마나 어렵다는 것을 알게 된다.

벌레처럼 기면서

발바닥까지 핥으면서
끙끙대는 신음소리
발가벗긴 왜소한 몸뚱이
쥐구멍에 처박히고 말
그 초라한 꼬락서니 어디에
저 맑디맑은 꽃의 불길이 숨어 있었는가.

폭력 앞에 인간은 무릎 꿇고
그 마음을 못 지켜 배반할 수 있다
개가 되고 문둥이가 되고
비굴하게 두 손 모아 빌 수도 있다
어찌 폭풍 앞에 꽃이 한들거릴 수 있는가.

아직도 나는 꽃 앞에 서면
부끄러운 사내
두근거리는 가슴 안고
살고 싶은 이 욕망 변명하고 싶어진다
꽃이 아니어도 잎사귀 하나라도
꼭 지켜 가지고 싶어진다

꽃은 어둠속 뿌리와
밝음 속 태양과 만나
비밀한 속삭임으로 피어난
한 줄기 전율
죽음을 딛고 일어서는 사랑의 역설이다.

밥을 달라 외치는 한 젊은이가 있다
스스로 꽃이 되어 타오르는
꽃은 꽃 속에 가서
또 하나의 꽃을 피우며
꽃은 결코 아름다운 것이 아니다
꽃은 결코 선한 것이 아니다.

꽃은 꽃 속에 가서
와그르 무너지는 피의 절규
폭탄으로 타오른다.

낙엽을 밟으면서 너는 오너라

가을이면
낙엽을 밟으면서 너는 오너라
오누이처럼 다정한 나무들은
너의 발자국 소릴 엿들으며
노오란 손수건을 흔들어 줄 것이다.

하늘에선가 너의 맘 속에선가
가늘은 비요롱의 울음이 들려오고
너의 두 귀는
향기로운 꽃내음에 젖어
은근한 뿌리들의 속삭임을 들을 것이다.

홍성스러웠던 지난 여름,
벌거벗은 태양이 찾아와
림프를 회롱하다 간 자리엔
몇 송이 남은 가을꽃이
미안한 얼굴로 배시시 웃고 있다.

길을 잃고 헤매다니던 먼 길에서
가을이 깊어지면

외로운 너의 그림자를 챙겨 가지고
핏빛 낙엽이 진 길을 걸어서 돌아오너라.

바스락 바스락
너의 작은 발자국 밑에선
상냥한 가을의 비명소리가 울려오고
너의 등뒤에는
채일을 두른 듯 파아란 하늘이 펼쳐 있을 것이다.

한 잎 낙엽에서
잃어진 한 조각 꿈을 되새기며
꿈에 취해 꿈을 사랑하는
이국의 방랑아 랭보처럼 돌아오너라.

가슴엔 정열, 포켓엔 낡은 손수건,
두 눈엔 머나먼 오리온 성좌를 지니고
타다가 남은 뜨거운 사랑이 있거든
풋내도 향그러이
온 가슴 들꽃을 안고 찾아오너라.
온통 눈부신 하늘의 별밭을 밟고 오너라.

겨울 보리
— 농부의 잠

농부의 가슴보다 따뜻한
검은 흙 속에서 자양滋養을 머금고
한 방울의 땀이 여물어
대지大地의 심장에 뿌릴 박는다.

지난 여름 농부의 손이 주물러
더욱 부드러워진 흙,
그 몽글몽글한 가슴 속에
한 알의 씨앗을 키우는 마음,
억센 농부의 욕망이 묻혀 있고
새벽잠을 깨우는 아내의 배가 부르다.

봄이 오면 싱싱한 푸름을 티우는
대지大地.
무성한 머리털이 덮이면
오월五月 바람이 간지르고
농부는 긴 잠에서 기지개를 켠다.

아내의 곁에서 지낸 겨울 밤
농부의 가슴에 크는 씨앗,

아내의 배를 어루만지다
보리 낫가리를 꿈에 본 농부,
입춘立春 가까운 어느 날 잠을 깬다.

지난 가을 씨앗을 뿌릴 때
아내를 사랑했던 농부,
해산 달을 꼽아보는 손가락 끝에서
이상한 힘이 솟아나는 욕망의 새벽,
그는 서서히 기름진 밭으로 간다.

오 대지大地여, 보리처럼 굳세고
보리처럼 싱싱한 농부의 육체가
부드럽게 흙을 주무를 때
아내의 잠은 깨어나고,
보리는 보람진 자양滋養으로 여물어간다.

꽃의 생식기

매사에 박식한 K교수가
꽃의 생식기가 어디 있는지 아느냐 물었다.

내가 대답을 유보하고 있는 사이
그는 꽃이 바로 생식기라고 했다.

인간의 치부, 그것이 부끄러워서
꽁꽁 가리고 살기에
밝은 햇살 아래
온통 드러내놓고 환히 웃는
그 꽃이 바로 생식기라는 그 말에
나는 깜짝 놀랐다.

옳거니!
그 빛깔 향기에 반하여
꺾고 만지고 냄새 맡았던 꽃
나도 그 꽃을 하나
몰래 감추고 있음을 알았다.

태초에 아담과 이브가

무화과 잎사귀로 가리던 때부터
너와 나의 꽃은
밤에만 피는 숨겨진 꽃이었다.

오늘도 꽃은
밝은 햇살 아래
빛과 향을 머금고
눈부신 생식기로 환히 웃고 있다.

정당성 1

나의 행동에 대하여
나는 정당성을 찾는다.

외국 유학생의 비자 위에서
오늘의 지성은 정당을 찾는다.

마땅히 먹어야 하고
마땅히 배설해야 하고
모름지기 남보다 잘살아야 한다.

나는 왜 그녀를 울렸던가,
나는 왜 수입이 적은가,
그녀의 입술 위에서
나의 입술은 무엇을 훔쳤는가,
우리들의 사랑은 정당하다.

데모대는 돌멩이 속에서
민주주의 소생을 믿고
경찰은 최루탄 속에서
법의 존엄성을 믿는다.

모든 것은 정당하다.

성토 대회가 열릴 때
도봉산에 가서 연인과 즐기고
데모가 전개될 때
당구장에 가서 휴강을 즐긴다.

껌을 씹으면서 패튼을 관람한
내 양심의 소재,
껌을 씹다
어금니로 입술을 깨문 그
실수 ― 짭짤한 피의 맛을 아는가.

전쟁을 즐기는 위대한 영웅과
죽음을 두려워하는 졸병 사이에서
입 다문 휴머니티
어금니 사이에서 으깨려진
껌 ― 모든 것은 정당한가.

막걸리 집에서 행방불명이 된

오늘의 지성과 꿈.
나는 실연失戀을 하고
최루탄 속에서 코스모스가 피고
저축 강조 주간에 적자를 낸
나의 아내— 그러나 모든 것은 정당한가.

미니스커트가 자꾸만 올라가고
서울의 빌딩이 자꾸만 높아가고
이 가을 나의 적자도 늘어나고
그러나 모든 것은 정당한가.

정당성을 잃은 이 가을
입 다문 내 패배 위에
낙엽이 져야 하는 이유.
시월의 연서를 불살라 버리고,

정당성 2

때때로 나의 주먹은
때릴 곳을 찾는다.

그 어느 허공이든가
그 어느 바위 모서리이든가
주먹은
때릴 곳을 찾아 고독하다.

뻔뻔한 이마,
오만한 콧날을 향하여
꼭 쥐어진 단단한 주먹.

응집된 핏덩일 물고
사각의 정글 속에
불꽃을 튀기는
일순一瞬,
산산히 부서져 가는
그 어느 절정에서
나의 주먹은 피를 흘린다.

지금은 싸움이 끝나고
패배를 어루만지는
고독한 주먹,
그 어느 허공을 향하여
캄캄한 어둠을 겨냥하고 있다

언젠가는 뜨거운 유혈에 젖어
피를 물고 깨어져 갈
슬픈 묵시默示,
주먹은 정당성을 찾고 있다.

성삼문의 혀舌

태양이 머리 위에 머물던 정오,
수양대군首陽大君의 칼은
성삼문의 혀를 잘랐다.
나라의 마음을 거슬리던
그 가시 돋친 성삼문의 혀,
비수匕首와 같이
대수양大首陽의 심장 깊이 박히던 화살,
그 세치의 혀끝에서 무지개를 갈랐다.
그날, 나리의 마음을
진노케 한 것은 무엇인가
신숙주의 부드러운 혓바닥이
나리의 발바닥을 핥으며
강아지처럼 킹킹거리고,
늙은 정인지의 대자 수염이
침을 질질 흘리고 있을 때
미친 개 밥이 된 성삼문의 혀,
그날의 수양산에 가 보아도
백이 숙제는 말이 없고
그날의 노량진에 가 보아도
잘리운 세치의 혀는 말이 없다.

뭇 나리들이
대수양大首陽의 발아래 엎드려
강아지처럼 킹킹거리고 있을 때
모든 혓바닥들이 먹이를 핥으며
부드럽고 미끈한 꽃을 피울 때
그 어느 흙 속에 묻혀
아직도 썩지 못한 세치의 혀,
그 소리 없는 울음을 듣고 있는가

백지 앞에서

운명처럼 내 앞에 놓인
순수한 하나의 여백
거기에 나는 유언을 쓸까.
오래 숨겨 놓은 비밀을 고백할까.

증인처럼 등불이 지켜보고 있고
사위에 정적이 에워싸는 밤
나는 최후처럼 백지 앞에 앉아
한 마디의 마지막 낱말을 찾고 있다.

창밖은 12월, 계절을 휩쓸어가는 북풍이 불고
어지러운 구름 사이로
반 남아 이지러진 조각달 헤매어간다
달빛을 가린 구름장이여,
잠깐 비켜나 달님의 얼굴을 보게 해다오.

이 밤에 내 마음도
구름 사이 헤매는 이지러진 조각달
아직도 백지로 놓여 있는 종이 위엔
그대 모습 어지러이 그릴 길 없고

처음도 끝도 잊은 백지의 사연 위에
부서진 마음 조각만 촛불처럼 가물거린다.

공포처럼 놓여 있는 운명 앞에
차라리 나는 두 눈을 감을까.

영영 여백으로 남아 있을 백지
끝내 알맞은 단어를 찾지 못하고
백지 위엔 까만 정적만 기어 내린다.

희망가

얼음장 밑에서도
고기는 헤엄을 치고
눈보라 속에서도
매화는 꽃망울을 튼다.

절망 속에서도
삶의 끈기는 희망을 찾고
사막의 고통 속에서도
인간은 오아시스의 그늘을 찾는다.

눈 덮인 겨울의 밭고랑에서도
보리는 뿌리를 뻗고
마늘은 빙점에서도
그 매운 맛 향기를 지닌다.

절망은 희망의 어머니
고통은 행복의 스승
시련 없이 성취는 오지 않고
단련 없이 명검은 날이 서지 않는다

꿈꾸는 자여, 어둠속에서
멀리 반짝이는 별빛을 따라
긴 고행 길 멈추지 말라
인생 항로
파도는 높고
폭풍우 몰아쳐 배는 흔들려도
한 고비 지나면
구름 뒤 태양은 다시 뜨고
고요한 뱃길 순항의 내일이 꼭 찾아온다.

9월의 시

9월이 오면
해변에선 벌써
이별이 시작된다.

나무들은 모두
무성한 여름을 벗고
제자리에 돌아와
호올로 선다.

누군가 먼길 떠나는 준비를 하는
저녁, 가로수들은 일렬로 서서
기도를 마친 여인처럼
고개를 떨군다.

울타리에 매달려
전별을 고하던 나팔꽃도
때묻은 손수건을 흔들고
플라타너스 넓은 잎들은
무성했던 여름 허영의 옷을 벗는다.

후회는 이미 늦어버린 시간
먼 항구에선
벌써 이별이 시작되고
준비되지 않은 마음
눈물에 젖는다.

2부

시詩

한 그루 나무와 같이
묵묵히 서 있는 저녁의 기도가 아니다.

한밤중 뜨는 달처럼
그렇게 어설프지 않고
푸른 과수원果樹園에 넘치는 향기처럼
그렇게 향香을히 젖는 달빛이 아니다.

단단히 쥐어진 주먹
뜨겁게 부딪치는 찰나刹那에 꽃피는 아픔,
벌떡벌떡 숨쉬는 허파 속에 있고,
추리고 추린 오늘의 동사動詞,
온몸으로 으깨리는 눈물 속에 있다.

부드러움 속엔 이미 부드러움이 없고
사랑의 속삭임 속엔 이미 사랑이 없다.
언어言語는 손가락 새로 빠져 나가는 새하얀 달빛
시詩는 이미 시詩 속에 없고,

손 끝에 닿으면 타 버리는 한 줄기 불꽃

재 속에서 추리는 마지막 남은 사리舍利이다.

시는 가을 하늘에 떠도는 조각구름
강江물에 비치는 후조候鳥의 날개가 아니라
시詩는 때 묻은 발바닥
모독 당한 오늘의 양심에 있고

맹물이 아닌
우리들의 뜨거운 눈물,
한 방울 이슬이 아닌
우리들의 뜨거운 피를 마시고 피는
모진 장미의 가시
콕콕 찌르는 분노에 있다.

우리들의 시는 이미 쫓겨난 왕자王子,
한밤에 부르는 세레나데가 아니고
허리가 꺾인 코스모스
창백한 백합의 흐느낌이 아니다.

엉겅퀴처럼 억세게

들찔레처럼 어귀차게
칡덩굴처럼 쭉쭉 뻗어
뽑혀도 뽑혀도 다시 살아나는 뿌리에 있다.

아직도 낡은 연미복을 입은 시인아
이제는 시들은 꽃다발을 던져 버려야 한다
가냘픈 피리는 내던져 버려야 한다
시는 시가 끝나는 데서부터 다시 시작돼야 한다.

아직도 한밤중
흉중에 뜨는 명월明月을 안고
아쉽게 매미 껍질을 어루만지는 손아
황홀히 보석을 들여다보는 공허한 눈아
언어를 사랑할 때
언어는 이미 연금술사의 마술
증발한 맹물 속에 시詩는 없다.

시인아!
시詩를 버려라, 연연한 마음속에
이미 시는 없고

부드러운 혀 끝에 박힌 가시,
천년의 여의주如意珠는 깨어졌다.

보다 뜨거운 가슴을 위하여
보다 피아픈 운율을 위하여
시인아 시詩를 버려라
시인아 시詩를 배반하여라

그대 교과서 속에서
그대 애인의 눈동자 속에서
진정 그대 시집 속에서
죽어 가는 시詩의 껍질을 버리고
정수리를 퉁기는 가시가 되라
복판으로 날라가는 창끝이 되라.

첫사랑

눈썹달이
나뭇가지 끝에서
작은 새가 되어 날아간다.

어제 핀 꽃이
오늘 핀 꽃에게
부드러운 혀끝을 오므린다.

산다화 냄새가
쎄하니
코끝에 와서 간지린다.

안 되요 안 되요
바람이
보리밭 속으로 숨는다.

숨겨 놓은
오렌지를 훔치는
아도니스의 하얀 손.

어둠은 살랑
눈썹달 끝에서 미약을 흘린다.

쓴맛

모든 향기 중에 으뜸 향기!
모든 맛 중에 으뜸 맛
쓴맛이여, 너는 내 혀끝에 짜릿하니 스며
네 오장육부를 전율시키는 맛 중의 맛!

세상의 단맛들 썩어 지늘키고
세상의 온갖 향기들 독하여 육신을 마비시키고
세상의 모든 빛깔들 눈부셔 눈 멀게 할 때
쓴맛이여, 너는 혀를 일깨우고 혼을 일깨우고
마침내 마비된 코에 독침을 놓아
잃어버린 온갖 맛들을 다시 찾아준다.

누가 인생을 쓰다 달다 말하는가
쓴맛 속에 알아지는 참맛을 헤아려
스스로 단맛을 거부할 때
쓴 맛이여, 너는 유익한 벗처럼 내게 와서
마비된 사랑의 향기를 일깨워 주었다.

그대 연인의 입술에서
달콤한 꿀맛을 훔치려는

어리석은 사람이여, 눈과 귀와 코를
잃어버린 사람이여, 쓴맛 속에서
마침내 알아지는 최후의 맛!
쓴맛 속에서 되살아오는 오롯한 사랑의 맛이여.

흔들리기

흔들리며
좌우로 흔들리며
적당한 곳에서 중심을 잡는다.

꼿꼿해지기 위하여
쓰러지지 않기 위하여
적당한 곳에 서서
손과 발을 움직인다
움직이며 흔들리며 꼿꼿이 선다.

균형을 잡는다는 것
중심에 무게를 싣는다는 것
그것은 적중을 위한
새로운 도전의 자세이다.

눈 앞에
어지럽게 다가오는
수많은 시간의 소용돌이
나를 쓰러뜨리려는
온갖 구호와 유혹의 손길들

흔들리며
흔들려 주며
그러나 제자리로
다시 돌아오며,

나는 너와 균형을 잡는다
저만치 거리를 두고
나는 너와 마주 선다.

흔들리며 돌아오는 버스간에서
아슬아슬한 횡단보도의
빨간 불 파란 불 속에서

나는 다시 중심을 잡는다
제 자리에 서서
꼿꼿이 꼿꼿이 버티어 서서
비로소 나는 너를 사랑하는 것이다.

역두에서

누군가 보내야 할
그런 마음을 안고
이별은 사랑을 위하여
먼 별 같은 이야길 남겨야 했다.

수많은 얼굴들이
고운 발자국을 남기고
떠나간 자리에 바람이 머물면
핏빛 꽃들이 한 잎씩 지듯
그렇게 사랑은 총총히 떠나야 했다.

그대의 모습
숨겨진 계절의 뒤안길
아네모네의 꽃망울처럼
계절에 실려갔다
하늘 밖으로부터 아득히
그렇게 너는 다시 돌아와야만 했다.

손을 흔들면
울음이 영그는 손가락 끝에서

한 줄기 시그널로 사위어가는 그리움.

떠나간 사람으로 하여
시간은 별처럼 쌓이고
먼 행성에 실려간 사랑은
한 밤중 잠들지 못하는 호수의 물무늬
비에 젖은 돌멩이 되어
그렇게 외로운 마음들이 다시 돌아와야 했다.

불혹의 연가
― 영산강 賦

어머니
이제 어디만큼 흐르고 있습니까
목마른 당신의 가슴을 보듬고
어느 세월의 언덕에서
몸부림치며 흘러온 역정
눈 감으면 두 팔 안으로
오늘도 핏빛 노을은 무너집니다.

삼 남매 칠 남매
마디마디 열리는 조롱박이
오늘은 모두 다 함박이 되었을까
모르게 감추어 놓은 눈물이
이다지도 융융히 흐르는 강
이만치 앉아서 바라보며
나직한 대화를 나누고 싶습니다.

보셔요, 어머니
나주벌만큼이나 내려가서
3백리 여정 다시 뒤돌아보며
풍성한 언어로 가꾸던 어젯날

넉넉한 햇살 속에서
이마 묻고 울고 싶은
지금은 고향으로 돌아가는 시간입니다.

흐른다는 것은
사랑한다는 것
새끼 네 명을 키우며
중년에 접어든 불혹의 가을
오늘은 당신 곁에 와서
귀에 익은 노래를 듣고 있습니다.

아직도 다하지 못한
남은 사연이 있어
출렁이며 출렁이며 흐르는 강
누군가 소리쳐 부르고 싶은
이 간절한 마음은 무엇입니까.

목마른 정오의 언덕에 서서
내 가슴 가득히 채우고 싶은
무슨 커다란 슬픔이 있어

풀냄새 언덕에 서면
아직도 목메어 흐르는 강,
나는 아득한 곳에서 회귀하는
내 청춘의 조각배를 봅니다.

이렇게 항상 흐르게 하고
이렇게 간절히 손을 흔들게 하는
어느 정오의 긴 언덕에 서서
어머니, 오늘은
꼭 한번 울고 싶은 슬픔이 있습니다.
꼭 한번 쏟고 싶은 진한 눈물이 있습니다.

아버지의 귀로歸路

서천西天에 노을이 물들면
흔들리며 돌아오는 버스 속에서
우리들은 문득 아버지가 된다.

리어커꾼의 거치른 손길 위에도
부드러운 노을이 물들면
하루의 난간에
목마른 입술이 타고 있다.

아버지가 된다는 것은
또한 애인이 된다는 것,
무너져 가는 노을 같은 가슴을 안고
그 어느 귀로歸路에 서는
가난한 아버지는 어질기만 하다.

까칠한 주름살에도
부드러운 석양夕陽의 입김이 어리우고,
상사上司를 받들던 여윈 손가락 끝에도
십 원짜리 눈깔사탕이 고이 쥐어지는
시간,

가난하고 깨끗한 손을 가지고
그 아들딸 앞에 돌아오는
초라한 아버지,
그러나 그 아들딸 앞에선
그 어느 대통령보다 위대하다!

아부도 아첨도 통하지 않는
또 하나의 왕국
주류와 비주류
여당과 야당도 없이
아들은 아버지의 발가락을 닮았다.

한 줄기 주름살마저
보랏빛 미소로 바뀌는 시간,
수염 까칠한 볼을 하고
그 어느 차창에 흔들리면
시장기처럼 밀려오는 저녁노을!

무너져 가는 가슴을 안고
흔들리며 흔들리며 돌아오는

그 어느 아버지의 가슴 속엔
시방
따뜻한 핏줄기가 출렁이고 있다.

새벽의 차이코프스키

새벽에 깨어나 혼자 듣는
차이코프스키의 비창,
가늘은 현악기의 현 끝에
아리게 떨리는 알레그로
내 고독한 혼도 따라 울고 있다.
이 새벽 밖에서는
새록새록 싸락눈이 내리고
어디선가 외로운 목숨이
쓸쓸한 기침 소리로 돌아 누울 때
노래는 2악장으로 바뀌고 있다.
세상은 얼마나 차갑고 쓸쓸한가
세상은 얼마나 무섭고 고독한가
사랑하는 사람의 손길도 없이
눈 내리는 이 새벽
혼자서 듣는 차이코프스키
나도 한 마리 작은 귀또리처럼 운다.
산다는 것은 음악보다
얼마나 아프고 쓰린 울음인가
어디선가 외로운 가슴이 모로 누워간다
오, 기침 소리여
기침 소리여.

연애하는 사람은 강하다

연애하는 사람은 누구나 강하다
아무리 못생긴 여자를 가졌을지라도
애인을 다리고 다니는 사내는 멋지다
짜장면을 먹으면서
짜장면 찌꺼기를 손수건으로 닦아주면서
단골 중국집에서 정이 든 연인들
5백원짜리로 만난 밤에도
연애하는 사람들은 부자다.

그들은 미국대통령이
누가 될 것인가에 대해 관심이 없다
헤비급 권투선수 챔피언 이름을 기억하지 않고
최근 오스카 영화상 여배우의 이름을 모른다
서로의 눈동자 속에서 왕국도 천국도 보는 그들
짜장면 한 그릇을 먹고도 연인을 안는다
천원짜리로도 그들의 밤은 즐겁다.

그들은 둘이만 있으면 강하다
그들은 하나가 되면 더욱 강하다
째째하게 비위를 맞추지 않는다

당당하게 결합하고 당당하게 사랑한다
혼자 앉아 먼 산을 보거나
맹물을 마시고 이를 쑤시지 않는다
그들은 서로를 소유한다 서로 주어버린다
썬데이서울을 보지 않고
이수일과 심순애처럼 이별하지 않는다
그들은 1억원짜리 고급 침대가 필요 없다.

지금 그들이 가진 것은 아무것도 없다
서로를 확인하는 두 손이 있을 뿐
빈손으로도 그들의 밤은 행복하다
공원에서 등산로에서 대합실에서
만원버스에서 러시아워 육교에서
그들의 전재산은 젊음 뿐
연애하는 사람들의 두 눈은 빛난다.

그들은 나란히 서서 멀리 본다
그들은 손을 잡고 언덕을 오른다
보다 먼 곳을 보기 위하여
그들은 나란히 언덕을 오른다

언덕에 앉아서 하늘을 본다.

한꺼번에 죄다 살아버리고 자운 밤
이별은 내일에게 주고
오늘은 오직 사랑하는 것뿐,
당당하게 당당하게 입을 맞춘다
뽀드득 소리가 나게 안아준다
오 연인들은 강하다, 위대한 젊음이여!

인연서설

꽃이 꽃을 향하여 피어나듯이
사람과 사람이 서로 사랑하는 것은
그렇게 묵묵히 서로를 바라보는 일이다.

물을 찾는 뿌리를 안으로 감춘 채
원망과 그리움을 불길로 건네며
너는 나의 애달픈 꽃이 되고
나는 너의 서러운 꽃이 된다.

사랑은
저만치 피어 있는 한 송이 풀꽃
이 애틋한 몸짓
서로의 빛깔과 냄새를 나누어 가지며
사랑은 가진 것 하나씩 잃어 가는 일이다.

각기 다른 인연의 한 끝에 서서
눈물에 젖은 정한 눈빛 하늘거리며
바람결에도 곱게 무늬지는 가슴
사랑은 서로의 눈물 속에 젖어가는 일이다.

오가는 인생 길에 애틋이 피어났던
너와 나의 애달픈 연분도
가시덤풀 찔레꽃으로 어우러지고,
다하지 못한 그리움
사랑은 하나가 되려나
마침내 부서진 가슴 핏빛 노을로 타오르나니

이 밤도 파도는 밀려와
잠 못 드는 바닷가에 모래알로 부서지고
사랑은 서로의 가슴에 가서 고이 죽어 가는 일이다.

개

1
개는
밤마다 짖어야 산다
캄캄한 어둠을 향하여
불가사의不可思議의 그림자를 향하여
개는 밤마다 짖어야 산다.

보고 짖을 것이 없으면
개는
빈 달이라도 보고 짖어야 한다
자기 그림자라도 보고 짖어야 한다
누가 짖는 개를 나무랄 것인가
누구나 보면 짖을 줄밖에 모르는
허공이나 달을 향하여
항상 짖을 줄밖에 모르는
누가 저 개를 나무랄 것인가

개는 개를 느낄 때 짖는다
개는 짖을 때만 개를 느낀다
적의가 숨어드는 밤

그림자가 기어드는 밤
개는 적의가 빛난다
개는 발톱을 모은다
개는 날카로운 이빨을 세운다.

거대한 어둠을 향하여
개는
쫑긋 두 귀를 세운다.

2
어디선가 도적이 드는 밤
무변無邊의 어둠 속으로
어디선가
검은 그림자가 드는 밤
짖어야 할 개가 짖지 않는다
짖는 법을 잊어버린
발톱과 이빨을 잃어버린
짖어야 할 개가 짖지 않는다

어째서 갑자기 세상이 조용해지는가

어째서 짖어야 할 개가 짖지 않는가
한 덩이 먹이를 물고
지금 뒷전으로 가버린 개
주인의 발 아래 엎드려
해 해 꼬리를 치며
먹이를 핥고 있는 노예의 개
앞문이 열린 채
지금 뒷문으로 사라진 개
한 무리의 도적들은 유유하다.

조용한 밤
한 마리 개도 짖지 않는 밤
어디선가 그림자가 숨어든다
다도해多島海의 안개 속으로
마산만의 달빛 속으로
소리 없이 그림자가 상륙上陸하고 있다.

3
개는 짖어야 한다
개는 짖을 때만 개가 된다

쇠사슬을 끊고
두 귀를 쫑긋 세우고
기름진 먹이를 내던지고
개는 앞문으로 나와야 한다
당당히 당당히 짖어야 한다
순종의 미덕을 찢고
야성의 이빨을 세워야 한다
으르렁 으르렁
날카론 발톱을 세워야 한다
다도해多島海의 어둠속으로 상륙上陸하는 그림자
마산만의 달빛 속으로 숨어드는 그림자
옆문으로 들어온 자를 쫓아야 한다
몰래 숨어든 그림자를 물어 뜯어야 한다.

이 밤도 어디선가
깊어 가는 밤
모두 다 잠든 밤
보이지 않는 그림자를 향하여
텅 빈 허공의 빈 달을 향하여
컹 컹 컹

멍 멍 멍
한 마리의 고독한 개는
적막강산의 어둠을 짖고 있다.

으르렁 으르렁
날카로운 이빨을 모으고
쫑긋 두 귀를 세우고
어둠의 복판을 향하여 내닫고 있다.

장난감이 없는 아이들

장난감이 없는 아이들은
양지쪽에 흙장난을 하며 논다.

아무리 생각해 보아야
신통한 일이 없는 아이들,
다섯 살 짜리 고추들은
마침내 오줌 싸기 시합을 한다.

어른들이 술을 마실 때
어느 값진 장난감보다
더욱 귀중한 장난감,
한줌 흙을 파 놓고

값진 금金이드키
맛있는 과자이드키
냠냠냠
햇살과 어울려 웃음꽃을 피운다.

비상사태 하에서도
마냥 심심하기만한 아이들,

흙을 파보아야 아무 것도 없다.

탱크도 비행기도 군함도
그들의 손에선 한낱 장난감,
제2차 대전도 6·25도 모르는
그들은 아무것도 두려워 않는다.

내가 어른이 되었을 때
내가 처음으로 술을 마셨을 때
내가 잃어버렸던 하늘
아름다운 그날의 꿈은 무엇이었던가.

엄마가 되고
아빠가 되고
어른 흉내를 내다가 지쳤던
여섯 살 짜리 명사수 귀여운
무법자無法者—그의 적敵은 누구일까.

어쩌다
꼬마 서부西部의 사나이 장난감 권총 앞에 선

아빠,
그 어느 눈보다
더욱 무서운 맑은 눈 앞에
나는 두 손을 번쩍 들어야 한다.

장난감이 없는 그들에게
아빠는
또 하나의 장난감,
나는 곡예사曲藝師의 웃음을 배워야 하는가.

어른들이 투표를 할 때
어른들이 술을 마실 때
선거권이 없는 아이들은
양지 쪽에서 흙장난을 하며 논다.

박타령 3

강남江南 제비 대신
아메리카 상선商船에 실려 온 미국 박씨.
알뜰히 심어 가꾼
그 박씨 속에선 무엇이 컸는가.

스물일곱 해의 마디마다
줄줄이 열린 박,
그 속엔
황금이나 비단이 아닌
하나의 자유自由
알뜰히 새로 포장된 구호물자
빛깔 희한한 민주주의가 있었네.

구호물자 헌옷으로 단장한
흥부의 거동 보소,
막걸리에 비슥비슥
갈 지之 자 걸음으로 선거바람 신났네.

보리밥에 된장찌개 배불리먹고
배를 두들겨

둥둥둥
군은君恩에 살찌던 이조 5백년
태평성대太平盛代가 바글바글 썩어가던 박통속.

엘비스 프레슬리 격양가에 맞추어
흥부네집 지붕에도
놀부네집 지붕에도
주렁주렁 열린 미국 박이 풍년 들었네.

박을 타세 박을 타세
스르릉 스르릉 톱질이야
주렁주렁 열린 미국 박을 타세

첫째 박을 타니
호열자균이 와그르르 쏟아져 나오고
둘째 박을 타니
온갖 잡신 양귀신이 데모를 벌이고
셋째 박을 타니
따발총이 M1이 꾸역꾸역 밀려나오고
넷째 박을 타니

온갖 유행 퇴폐 마릴린 먼로의 궁둥이가 나오고
다섯째 박을 타니
제트기 탱크 초상집 통곡소리 바글바글 끓고
여섯째 박을 타니
낯모를 외인부대外人部隊 몽땅 쏟아져 나와
놀부집 안마당이 되어가는 소란한 난리
무수한 재앙이 꾸역꾸역 쏟아져 나왔네.

할 일 없이 파산한 흥부와 놀부
집안 싸움 끝에 둘 다 망하고
흥부집에 열린 박
놀부집에 열린 박
박 속마다 재앙이 가득가득 들어 있네.

작별사作別詞

논밭 팔아 학교 다녔던 애제자 황군黃君
마침내 헌 책 싸가지고 고향으로 간다
가고 싶었던 대학大學 포기하고 4년 만에
헌 책 싸가지고 고향으로 간다
청운의 뜻 품고 논밭 팔아 다녔던 학교
마침내 졸업도 못하고 대학大學도 못 가고
쓸쓸히 쓸쓸히 고향으로 간다
논 다섯 마지기 남은 고향으로 간다
나는 너를 눈물이 아니라 주먹으로 보낸다
잊지 마라 우리들의 갈길이 무엇이고
노린내 나는 가짜 번역 지식 속에서 벗어나
민중 속으로 백성 속으로 돌아가는 너의 길
우리들의 할일이 무엇인가 잊지를 마라
돌아가는 자여 너를 기다리는 것은 많다
들풀처럼 썩어가는 우리들의 연인들
아버지 어머니 동생 친구들이 기다리고 있다
일찍이 네가 버리고 왔던 황톳빛 새벽이
헐벗은 손길로 너를 기다리고 있다
제자야 가라 발바닥 밑으로 가라
가서 갈라진 백성의 발바닥 밑을 보아라

불쌍한 백성의 밑구멍을 보아라
저 위엣 양반들이 먹고 싸지르는 냄새여
질식당하고 억눌린 밑바닥을 보아라
대학大學을 가고 법관이 되고 공무원이 되고
떵떵거리고 출세하고 보너스 타고
너도 펜대 끄적거리는 직업이 부러우냐
너도 놀고 먹는 출세가 부러우냐
너도 번지르르한 자가용이 타고 싶으냐
너도 이자놀이 하고 고급주택에 살고 싶으냐
가라 가라 사랑하는 제자야
가서 백성의 새빨간 똥구멍을 보아라
밤마다 시달리고 시달리다 피똥을 싸는
구호물자 버터에 지늘켜 설사를 하는
썩어가는 백성의 밑바닥을 보아라
너의 아버지 발가락 사이 고린내를 맡아 보고
새벽들에 나가 맨발로 눈두렁을 거닐어 보아라
쨰쨰한 꿈을 쓰레기통 속에 구겨 던지고
성큼성큼 걸어서 돌아가라
자 마지막 작별사, 우리들은 주먹으로 헤어진다.

식민지의 국어시간

내가 아홉 살이었을 때
20리를 걸어서 다니던 소학교
나는 국어 시간에
우리말 아닌 일본말,
우리 조상이 아닌 천황을 배웠다.

신사참배를 가던 날
신작로 위에 무슨 바람이 불었던가,
일본말을 배워야 출세한다고
일본놈에게 붙어야 잘산다고
누가 내 귀에 속삭였던가.

조상도 조국도 몰랐던 우리,
말도 글도 성姓까지도 죄다 빼앗겼던 우리,
히노마루 앞에서
알아들을 수 없는 일본말 앞에서
조센징의 새끼는 항상 기타나이가 되었다.

어쩌다 조선말을 쓴 날
호되게 뺨을 맞은

나는 더러운 조센징,
뺨을 때린 하야시 센세이는
왜 나더러 일본놈이 되라고 했을까.

다시 찾은 국어시간,
그날의 억울한 눈물은 마르지 않았는데
다시 나는 영어를 배웠다
혀가 꼬부라지고 헛김이 새는 나의 발음
영어를 배워야 출세한다고
누가 내 귀에 속삭였던가.

스물다섯 살이었을 때
나는 국어선생이 되었다
세계에서 제일 간다는 한글,
배우기 쉽고 쓰기 쉽다는 좋은 글,
나는 배고픈 언문 선생이 되었다,
지금은 하야시 센세이도 없고
뺨 맞은 조센징 새끼의 눈물도 없는데
윤동주를 외우며 이육사를 외우며
나는 또 무엇을 슬퍼해야 하는가.

어릴적 알아들을 수 없었던 일본말,
그날의 수수께끼는 풀리지 않았는데
다시 내 곁에 앉아 있는 일본어선생,
내 곁에 뽐내고 앉아 있는 영어선생,
어찌하여 나는 좀 부끄러워야 하는가.

누군가 영어를 배워야 출세한다고
내 귀에 가만히 속삭이는데
까아만 칠판에 써놓은
윤동주의 서시序詩,
한 점 부끄럼이 없기를 바라는
글자마다 눈물을 흘리고 있다,
오 슬픈 국어시간이여.

새벽의 서書

슬퍼하라! 은총을 주실 것이니,
갑자기 잠 깨어난 새벽
나는 한 고독한 사내를 보네
아득한 시간의 저쪽에서
마지막 기도를 드리고 있는
고독한 사내의 뒷모습을 보네.

그는 누구일까, 겟세마네 동산이 아닌
그 어느 시멘트 바닥 위에 엎드려
길고 긴 기도를 드리고 있는
가장 고독한 사내의 뒷모습,
기나긴 형벌의 시간 속에 무릎 꿇은
저 고독한 사내는 누구일까?

슬퍼하라! 은총을 주실 것이니,
이 새벽 한 예수는 깨어나 앉아
진리란 무엇이뇨? 빌라도의 말을
혼자서 새삼 곰곰이 생각하며
고독한 사내만이 아는 새벽의
고요한 산정山頂에 앉아 있네.

회개하라, 아직도 밖에는 눈이 내리고
한 의인義人은 소돔과 고모라로 향해 가는데
바리새인들의 풍성한 잔치는 계속되는데
골고다가 아닌 시멘트 바닥
얼어 붙은 땅 위에 입을 맞추는
아 저 사람은? 저 사람은?

보아라, 눈은 개이고
또 아침은 가까이 오고 있지 않은가!

3부

무등산

올라도 올라도
다 못 오르는 산
두 눈이 이르는 하늘 끝
두 팔 벌려 안아도 안아도
끝끝내 다 안을 수 없는 산

백 번 천 번 불러 보아도
일편단심 뜨거운 마음
아무리 소리쳐 울어 보아도
끝끝내 다 차지할 수 없는 산
무등산은 평등과 자유
동서남북 두루 열린
무문대도의 큰 덕산이다

그 소재지를 물으면
나는 모른다 하리라
그 높이를 물으면
나는 더욱 모른다 하리라

광주를 사랑하는

모든 사람들의 가슴속에
또 하나의 위대한 빛이 되어
보이지 않는 봉우리로 솟아 있는 산
남에도 있고 북에도 있고
이 나라 이 어진 사람들의 가슴속에
진달래 고운 연정 꽃불로 수놓으며
역사의 강물이 되어 도도히 흐르는 민중의 산

30년째 흘린 피눈물 아직도 모자라
60년째 갈라진 생이별 아직도 끝나지 않아
사무친 원한으로, 피투성이 가슴으로,
말없이 엎드려 속으로만 울어온 통곡의 산

누가 감히
무등산을 다 오른다 하리요?
올라도 올라도 끝내 다 오를 수 없는 그 높이에서
안아도 끝내 다 안을 수 없는 그 품속에서
천년 응어리진 잿빛 어둠을 찢고
한 마리 자유의 불새가 날개를 편다.

전라도 노래

우리들은 못생긴 전라도 놈들
고려 때부터 십훈요十訓要 밑에 납짝 눌려
기도 못 펴고 숨도 제대로 못 쉰
공주강 차현 이남 역적의 산세
반역의 세월을 등지고
역사의 고빗길로 쫓겨 온 개땅쇠들

죽어라 일하고도 갯펄에 묻혀
털개처럼 두 눈이 깜빡깜빡
함평 물고구마 해남 풋나락
무슨 죄 있길래, 남절양男絕陽 중세 속에 신음하며
동학년東學年 그 5월, 죽창 들고 장성 갈재 넘을 때
철쭉 밭에 두견새 피를 토해 울었지.

양반 놈 등살에 못 살던 나라
그 바턴 이어 받은 새 상전 쪽바리
쇠좆매에 묻어 나린 피눈물은 얼마였나?
사납고 모진 세월 백골로 묻힌 땅
모질디 모진 죽음 뼛가루로 스미고
쪽바리 뒤 이어, 코쟁이 몸살난 노린내 그 사랑

밤손님 낮손님 번갈아 들랑날랑
깃발 따라 부른 만세 몇 번이나 거듭 죽어
에루아, 만신창이 피범벅 그 땅 위에
고향의 진달래는 몇 번이나 피고 졌나?

여순반란 사건, 6·25, 4·19, 5·16,
번갈아 지나간 난리 속에서
우리들 살아 남은 일 대견해라
빨갱이 족보 서리치는 소탕 작전
당숙은 전라도에 태어난 걸 한하면서 죽어갔고
무더기로 돌아오는 제삿날 밤이면
한 마을 떼과부들 소리 없이 울었지.

반역의 땅에 거듭 찾아온 봄
동학란은 아직도 계속되는가?
조병갑이 가슴에 꽂히던 그 분노,
벌떼같이 일어났던 만경벌의 아우성,
황토현에 스미던 그 피는 아직도 뜨거운가?
가시 절반 꽃 절반
애증의 덩굴진 찔레꽃 더미 속에

살모사 목을 치는 조선 낫이 우는가?

통곡도 다 못하여 이제는 두 주먹 모아
역천하는 부릅뜬 눈 불길을 뿜어
무등산이 포효하고 망월동이 울부짖는다.
한밤중 야음 타고 다리 건너
총칼로 중앙청 훔친 자 누구인가?
탱크로 더운 가슴 밀어붙여
금남로의 진달래꽃 낭자히 으깨린 자 누구인가?

도적을 막고 민주주의 지키려 함
이 나라 이 민족의 슬기 찾으려 함
행여나 폭동이라 말하지 말게나
그 누가 뭐라 해도 5·18은 의거義擧,
이 땅에 살아 있는 양심의 소리,
동학년 민족혼 이어 받아
3·1의 더운 가슴 피눈물 마시며
4·19 꽃불로 활활 타는 절규
여보게, 광주는 아직도 계속되고 있다네.

헐벗은 가슴 모질게 딛고 있는 군홧발
무거워 못 견디겠네, 거짓 조화 차려 놓고
두 번 죽이는 민주화 정치놀이
우리들 뼈다귀를 밟지 말게나.

아 무등산이 운다
못 다 살고 죽은 젊은 가슴들이 운다
타관 하늘 헤매는 우리 형제들
구로공단 변두리 닭장 속에서
쫓겨난 내 친구가 울고 있다
최루탄 고춧가루 두 눈 비비며
곤봉에 터지는 내 누이가 울고 있다.

돌아오너라 벗들아, 버리고 간 땅
장성 갈재 넘어 달빛으로 오너라.
피젖은 죽창에 스미는
동학년 녹두의 살점으로 오너라.

막국수 한 그릇에 허기를 달래며
내 고향 5월을 못잊어

목로판에 막걸리로 제를 올리고
갑돌아 곰돌아 우리 이름 부르며
외치고 외치다
억울해서 울다가
지금은 서대문 감옥에서 갇힌 개땅쇠야
피젖은 달빛으로 찾아오는
한많은 무등산의 아들 딸들아!

죽순밭에서

죽순밭에는
흥건히 고이는 울음이 흐른다
죽순밭에는
낭자히 고이는 달빛이 흐른다.

무엇인가 뿜고 싶은 가슴들이
무엇인가 뽑아 올리고 싶은 욕망들이
쑥쑥 솟아 오른다
도란도란 속삭인다.

왕대 참대 곧은 줄기
다투어 뽑아 올리는 대나무밭
나도 한 그루 대나무 되어 서면
내 가슴속에서
빠드득 빠드득 뽑아 오르는 소리
뾰쪽뾰쪽 솟아 오르는 울음소리

사운사운 내리는 달빛 속에
달빛을 받아 먹고
이슬을 받아 먹고

천근 누르는 바위 밑에서도
만근 뒤덮은 어둠 밑에서도
쑥쑥 뽑아 오르는 소리
마디마디 매듭이 지는 소리
이윽고 참대가 되고 왕대가 되고
유혈이 낭자하던 대밭
임진년壬辰年 의병의 손에서
원수의 가슴에 꽂히던 죽창이 되고,

갑오년甲午年 백산白山에 솟은 푸른 참대밭
우리들의 가슴을 뚫고
사무친 아우성이 솟아 오르는 소리
안개 속에서 달빛 속에서
어둠을 뚫고
굳은 땅을 뚫고
모든 뿌리들이 일제히 터져 나오는 소리

죽순밭에는
뾰쪽뾰쪽 일어서는
카랑한 달빛이 흐른다

도도한 기침 소리가 들린다
묵은 끌텅에 새순이 돋아
창끝보다 날카로운 아픔이 솟는다.

가슴이 막혀 답답한 날
대밭에 가서 창을 다듬자
왕대 곁에 서서
꼿꼿이 휘이지 않는
한 줄기 죽순을 뽑아 올리자

응혈진 어둠을 뚫고
핏물진 연한 살을 뚫고
벌떼같이 내리는 햇살 속에서
낭자하게 내리는 달빛 속에서
아 소리 없는 아픔이 솟아 오른다.

고무신

어느 노동자의 발바닥 밑에서
40대의 여인의 금간 발바닥 밑에서
이제는 닳아지고 구멍 뚫린 고무신,
이른 새벽 도시의 뒷골목 위에서나
저무는 변두리의 진흙밭 속에서나
그들은 쉬지 않고 아득히 걷고 있다.

태어날 때부터 쉬임 없이 걸어온 운명,
즌데만 딛고 온 고단한 발길 따라
캄캄한 어둠도 밟고 가고
끝없이 펼쳐진 노동의 아침,
타오르는 불길도 밟고 간다.

아득한 시간의 언덕 너머 펼쳐진
고향의 잃어진 논둑길을 걸어서
가물거리는 호롱불을 찾아가는 고무신,
두메산골 머슴의 발바닥 밑에서도
흑산도 뱃놈의 발바닥 밑에서도
뿌듯한 중량의 눈물을 안고
그들은 어디서나 돌아오고 있다.

영산포 어물장 법성포 소금장
이 장 저 장 굴러다니다
영산강 황토물 속에 처박혀
멀뚱멀뚱 두 눈 부릅뜨고
한 많은 가슴 썩지 못하는 고무신.

주인의 정든 발에 신기었을
또 하나의 고무신을 생각하며
그 주인의 발가락 사이
솔솔 풍기는 고린내를 생각하며
송송 구멍 뚫린 가슴 안고
빈 달빛에 젖는 양로원 뜨락.

오늘은 엿장수의 엿판에 실려
보이지 않는 땅으로 팔려 간다.
뒷골목 쓰레기통에 누워 낮잠을 자고
허름한 변두리의 술집에서 술을 마신다.

군화가 밟고 간 아스팔트 위에서
윤 나는 구두가 밟고 간 아스팔트 위에서

모진 학대 속에 짓밟힌 고무신,
기나긴 형벌의 불볕 속을
오늘은 절뚝이며 절뚝이며 쫓겨간다.

선거 때 야음을 타고
구장 반장 손을 거쳐
살금살금 박서방 김서방을 찾아간
10문짜리 검정 고무신
민주주의의 유권이 되었던 자랑도
알뜰한 관록도 사라진 채
오늘은 구멍 뚫린 밑창으로
영산강 황톳물이나 마시고 있구나.

머슴의 발바닥 밑에서
식모살이 순이의 발바닥 밑에서
뜨겁게 뜨겁게 닳아진 세월,
돌멩이도 걷어차며 깡통도 걷어차며
사무친 설움 날선 분노 안으로 삭이고
변두리로 변두리로 쫓겨온 고무신.

번뜩이는 죽창竹槍에 구멍난 가슴 안고
장성 갈재 넘어가던 짚신,
그 발자국마다 핏물이 고이는데
오늘은 구멍 뚫린 고무신이 쫓겨난다.

썩어도 썩어도 썩지 못하는 한많은 가슴,
땅속 깊이 파묻혀도
뻘밭 속에 거꾸로 처박혀도
한사코 두 눈 부릅뜨고
영영 죽지 못하는 한恨
여기 벌떼같이 살아나는 아우성이 있다.

전라도 젓갈

썩고 썩어도 썩지 않는 것
썩고 썩어도 맛이 생기는 것
그것은 전라도 젓갈의 맛이다
전라도 갯땅의 깊은 맛이다.

괴고 괴어서 삭고 곰삭어서
맛 중의 맛이 된 맛
온갖 비린내 땀내 눈물내
갖가지 맛 소금으로 절이고 절이어
세월이 가도 변하지 않는 맛
소금기 짭조름한 눈물의 맛

장광에 햇살은 쏟아져 내리고
미닥질 소금밭에 소금발은 서는데
짠맛 쓴맛 매운맛 한데 어울려
설움도 달디달게 익어가는 맛
어머니 눈물 같은 진한 맛이다
할머니 한숨 같은 깊은 맛이다

자갈밭에 뙤약볕은 지글지글 타오르고

꾸꾸기 뻐꾸기 왼종일 수상히 울어예고
눈물은 말라서 소금기 저린 뻘밭이 됐나
한숨은 쉬어서 육자배기 뽑아올린 삐비꽃이 됐나

썩고 썩어서 남은 맛 오호 남은 빛깔
닳고 닳아서 타고 타서 남은 고춧가루
오장에 아리히는 삶의 매운맛이다
복사꽃 물든 누님의 손끝에 스미는 눈물
오호 전라도 여인의 애간장 다 녹은
아랫목 고이고이 감춰 놓은 사랑 맛이다.

전라도 뻐꾸기

싸구려 농사 내던진 억만이가
새벽 이슬 떨며 떠나간
황톳빛 고갯마루에
올해도 뻐꾸기가 찾아와 운다.

보따리 싸버린 순이가
처녀를 빼앗긴 보리밭 너머
저수지 언덕 위에서
올해도 뻐꾸기는 찾아와 운다.

억만이도 떠나가고
순이도 떠나간 곳
사람들은 고향을 버리는데
순이가 벗어놓고 간
하얀 고무신 위에
눈부신 햇살만 고이는데
다시 찾아온 전라도 뻐꾸기.
이 산에서 저 산에서 울어쌓는다.

앞산에서 울다가
뒷산에서 울다가

이제는 공중에서 우는 소리
처음엔 한 마리가 울다가
나중엔 두 마리 세 마리
결국엔 수십 마리 수백 마리가 되어
이 산에서 뻐꾹
저 산에서 뻐꾹
억세게 억세게 울어쌓는다.

갑오 년에도 울던 새
조병갑이가 원님노릇 하던 때도 울던 새
배고픈 우리 할배 할매
쑥죽 먹을 때도 울던 새
귀양 온 다산茶山님 등뒤에서도 울던 새
몇 백년 울던 새가 지금도 운다
진양조 가락보다 더 슬프게
육자배기 가락보다 더 아프게 운다.

옥양목 적삼에 다리미 지나갈 때
누이의 등뒤에서 울던 새
새참 때 밭두렁에 앉아 쉬야 보시던
할머니 등뒤에서 울던 새

저놈의 새 울어싸면 흉년만 오더라고
저놈의 새 울어싸면 난리만 나더라고
고시랑거리던 어머니 등뒤에서 울던 새.

올해도 뻐꾸기만 운다,
못 살고 떠나간
철이도 남이도 돌아오지 않는데
갈 곳 없는 사람들만 모여 사는 땅,
하늘만 미치게 푸른 땅에서
황톳빛 무덤만 늘어가는 땅에서
백년을 울고도 남은 울음을
천년을 울고도 남은 울음을
작년에도 울고 남은 울음을
올해도 울고 남을 울음을
이 산에서 뻐꾹
저 산에서 뻐꾹
전라도 뻐꾸기만 피를 토한다.
뻐꾸기야
뻐꾸기야
울다가 울다가 시진한 전라도 뻐꾸기야.

고향의 들국화
― 옥중 제자에게

고향의 들판 어느 구석에
이맘때쯤
남몰래 피어나 있는 들국화를
너는 알 것이다.

잡초 사이에 끼어
자랑하지도 뽐내지도 않은 수지운 꽃
혼자서도 외롭지 않는
하나의 슬픈 사랑을 너는 알 것이다.

시멘트 벽으로 둘러싸인 독방,
손바닥만한 하늘이 찾아오는 작은 옥창獄窓에
풀벌레 울음소리 남도南道의 핏빛 한恨을 짤 때
차가운 마룻바닥 위에 앉아
눈감고 견디는 인내의 하루.

이맘때쯤
노을지는 고향의 들판 어느 구석에
오들오들 떨고 있는 가녀린 숨결
한떨기 작은 기다림을
너는 알 것이다.

눈부시게 푸른 남도의 하늘 밑
서러운 사연을 간직한 채
그믐달빛 아래 쪼옥쪼옥 여위어 가는
한떨기 고향의 슬픈 노래를
너는 알 것이다.

아 진리는 무엇인가, 새삼
마음속에 맴도는 하나의 이름을 안고
벽 앞에 앉아 견디는 인고의 나날
뜨거운 피가 원통해
오늘도 긴긴 하루 해
옥창에 한숨 지우는 제자야.

너는 알 것이다, 서릿속
날로 높아 가는 향기 머금고
모질도록 참아 내는
애타는 기다림으로, 왜 고향에
작은 들국화가 피어 있는가를
너는 알 것이다.

고향 소식

싸구려 김장무우 꼬리에 붙어온 고향이
내 아내의 식칼 끝에서 비명을 지른다.

모든 것 중에서 제일 싸다는 농산물이
우리집 안마당에 와서 쓰러져 있다.

어쩌면 오촌당숙의 주름진 얼굴과 같은
지지리 못생긴 물감자, 풋호박, 배추 다발,
오지게 밑굵은 가을무우 꼬리에 붙어온
고향의 싸구려 풍년이 도시로 팔려와
아내의 식칼 끝에서 도막도막 갈라진다.

산굽이 돌아 논둑길 지나서
들찔레 열매 익는 해거름 땅거미
시오리 자갈밭길 지나면 거기,
도깨비불 나와 깽매기 친다던
늙은 당산나무 외로이 서 있고
솔가지 타는 그윽한 내음새 속
아직도 송아지 해설피 길게 우는
무슨 꿈 같은 산마을이 있는가.

경작비 5분의 1만 들이면
켄터키산 목화도 사오고
캐나다산 밀가루도 사오고
온갖 싸구려 잉여 농산물 사올 수 있다고
미국산 옥수수가루 술에 취해 울며
내 고향 오촌당숙은
밑지는 농사 던져 버리고
이제는 도시로 이동해 버렸다는데,

올해도 시장 바닥에
양파가 뒹굴고
무우 배추가 썩어 남아 간다는
아내의 즐거운 목소리 들으면서
나는 슬픈 농민시 써놓고
이튿날 찾아가야 할
강진 농민회 강연 원고를 생각하고 있었다.

오오 내 뜰 위에 와서
도막도막 갈라져
우리들의 뱃속에 가서
똥이 되는 고향이여
푸대접 받는 무우 다발이여.

목포

더 갈 데가 없는 사람들이 와서
동백꽃처럼 타오르다
슬프게 시들어 버리는 곳
항상 술을 마시고 싶은 곳이다.

잘못 살아온 반생이 생각나고
헤어진 사람이 생각나고
배신과 실패가
갑자기 나를 울고 싶게 만드는 곳,
문득 휘파람을 불고 싶은 곳이다.

없어진 삼학도三鶴島에 가서
동강난 생낙지 발가락 씹으며
싸구려 여자를 바라볼거나
삼학소주 한 잔을 기울일거나

벌거벗은 빈 산
돌멩이 만지며 풀포기 뽑으며
서쪽 끝에 와서
삐비꽃처럼 목을 뽑아 올리다

로빈슨 크루소가 되어버린 사람들
실패한 첫사랑이 생각나는 곳이다.

끝끝내 바다로 뛰어들지 못한
목포는 자살보다
술맛이 더 어울리는 곳
술이 취해서 봐도
술이 깨어서 봐도
유달산만 으렁으렁 이빨을 가는구나.

엉머구리의 합창

해질녘
어두워 가는 들판에서
엉머구리 떼가 운다.

개굴개굴 개골개골
수십 마리 수백 마리
종당엔 수천 마리가 되어
한꺼번에 개굴개굴 울어댄다.

그들은 왜 우는 걸까.
집이 없는 것일까.
배가 고픈 것일까.
서러운 땅의 서러운 개구리들이
이 밤도 개굴개굴 울어댄다.

"저 요란한 소리는 무엇인고?"
"예, 배고픈 백성의 소리올시다!"
"당장 그 소리 그치게 하지 못할까?"
"원체 무식한 엉머구리라 그리할 수 없사옵니다!"
"짐朕의 마음 심히 불쾌하도다

억척같이 우는 엉머구리들을
엄벌에 처하는 법을 만들지어다!"

법도 사상도 모르는 무식한 엉머구리 떼,
누가 저 울음 소리를 멎게 할 것인가
누가 우는 저 개구리를 벌할 것인가
자식의 무덤이 떠내려가고
애비의 무덤이 떠내려가고
짓궂게 계속되는 기나긴 장마,
배고픈 엉머구리들이 울고 있다.

여기서도 개굴개굴
저기서도 개굴개굴
날마다 개구리의 장례식은 계속되고
본시 울기를 좋아하는 엉머구리 떼,
아이고 아이고
밤마다 초상집 통곡 소리만 요란하다.

근심 띤 구름 어지러이 뒤덮고
또 작달비는 퍼붓는데

법을 모르는 무식한 엉머구리 떼들,
운다는 것이 죄가 되는 것을 모르는
본래 울 줄밖에 모르는 엉머구리 떼들.

배가 고파도 개굴개굴
임이 그리워도 개굴개굴
애비가 죽어도 개굴개굴
에미가 죽어도 개굴개굴
팔도의 온갖 개구리 떼 모여들어
서러운 합창을 부르고 있다.

개굴개굴
개골개골
걀걀.

불면의 연대

유성이 남북으로 줄을 긋는 밤
나는 잠을 빼앗긴 채
저만치 고문 받고 누워 있는
긴 형벌의 아픈 연대를 응시한다.

조국의 심야 방송에선
당신들만의 천국을 위하여
항상 꽃 파는 사랑타령
소비가 미덕인 시대의
한 젊은 가수의 허스키가 흐느끼고
혁명이 실패한 거리에선
네온의 유혹만이 흐드러졌다.

농촌에선
땅에 속고 풍년에 우는 농부들이
조강지처의 엉덩이 텃밭을 쉽게 버리는데
슬픈 이농의 밤
부엉이는 노송 가지에서 목을 매달았지.

구로공단으로 옮겨간 해남반도가

공장의 기계 밑에서 이빨을 갈고
핏값을 찾겠다고 궐기한
노동자들은 좌경하여 사노맹 결성했다는 소식
쇠고랑찬 전라도가 감방으로 옮겨가고 있다.

나는 이 밤에 무슨 책을 읽을 것인가?
책 속에서 길을 물어, 책 속에서 길을 찾지 못하고
비누 한 장과 맞바꾸는 동지의 피를 보며
나는 이 밤에 사상을 팔아먹는
남의 나라 대통령이나 존경할 수 없다.

내 모든 책을 다 읽었건만
아 내 육체는 고독하다고
어떤 실패한 시인이 탄식했던가,
수백 편의 시를 썼어도
나타나지 않는 막힌 절벽 앞에서
내 불감의 발바닥으로 불똥을 밟는다.

땅의 연가戀歌

나는 땅이다
길게 누워 있는 빈 땅이다
누가 내 가슴을 갈아엎는가?
누가 내 가슴에 말뚝을 박는가?

아픔을 참으며
오늘도 나는 누워 있다.
수많은 손들이 더듬고 파헤치고
내 수줍은 새벽의 나체 위에
가만히 쓰러지는 사람
농부의 때묻은 발바닥이
내 부끄런 가슴에 입을 맞춘다.

멋대로 사랑해버린 나의 육체
황톳빛 욕망의 새벽 우으로
수줍은 안개의 잠옷이 내리고
연한 잠 속에서
나의 씨앗은 새순이 돋힌다.

철철 오줌을 갈기는 소리

곳곳에 새끼줄을 치는 소리
여기저기 구멍을 뚫고
새벽마다 연한 내 가슴에
욕망의 말뚝을 박는다.

상냥하게 비명을 지르는 새벽녘
내 아픔을 밟으며
누가 기침을 하는가,
5천년의 기나긴 오줌을 받아 먹고
걸걸한 백성의 눈물을 받아 먹고
슬픈 씨앗을 키워온 가슴
누가 내 가슴에다 철조망을 치는가?

나를 사랑해다오, 길게 누워
황톳빛 대낮 속으로 잠기는
앙상한 젖가슴 풀어헤치고
아름다운 주인의 손길 기다리는
내 상처받은 묵은 가슴 위에
빛나는 희망의 씨앗을 심어다오!

짚신이 밟고 간 다음에도
고무신이 밟고 간 다음에도
군화가 짓밟고 간 다음에도
탱크가 으렁으렁 이빨을 갈고 간 다음에도
나는 다시 땅이다 아픈 맨살이다.

철철 갈기는 오줌 소리 밑에서도
온갖 쓰레기 가래침 밑에서도
나는 다시 깨끗한 땅이다
아무도 손대지 못하는 아픔이다.

오늘 누가 이 땅에 빛깔을 칠하는가?
오늘 누가 이 땅에 멋대로 선線을 긋는가?
아무리 밟아도 소리하지 않는
갈라지고 때묻은 발바닥 밑에서
한줄기 아픔을 키우는 땅
어진 백성의 똥을 받아 먹고
뚝뚝 떨어지는 진한 피를 받아 먹고
더욱 기름진 역사의 발바닥 밑에서
땅은 뜨겁게 뜨겁게 울고 있다.

지상에 바치는 나의 노래

가장 약한 자의 눈동자 속에서도
노을은 부드러운 눈길로
하루의 마지막을 장식하며
그가 쉴 골방을 약속했음을 노래하리라.

가장 추악한 땅 위에서도
봄은 한 송이 꽃을 피웠고
거짓말이 난무한 땅 위에서도
한 마리의 뻐꾸기가
다시 고향의 봄을 알렸음을 노래하리라.

강퍅한 자의 무기가 불을 품고
약한 자의 가슴에 구멍을 내는 날에도
수선화의 부드러운 그림자
호숫가에 무리지어 피어나
사랑의 선한 눈빛 하늘 잊지 않았음을 노래하리라.

절망이 온누릴 뒤덮고
탱크가 으렁으렁 이빨을 갈고 간 날에도
죽음이 대지를 갈아엎어

마지막 밀밭을 태워버린 날에도
폐허 위에 다시 씨 뿌리는 자의 손길
그 움막 속 두 손 모은 기도를 노래하리라.

노래하리라, 지구의 마지막 날까지
인간의 이름으로 지킨 사랑을 노래하리라
내가 죽은 후에도, 나를 미워했던 사람들
내 무덤에 흙을 덮으며 나를 용서하고
내가 사랑했던 사람들, 그들의 기억 속에서
내 이름이 사라진 후에도 마냥,
파아란 하늘이 흰 구름 둥실 띄움을 노래하리라.

거듭 노래하리라, 서로 미워하고 시기하고
그러나, 끝끝내 잊지 못할 그리움으로
우리는 인간이기에 인간을 사랑했노라고
우리는 뜨겁게 대지를 끌어안았노라고
우리는 노래하리라, 노래하여 노래로써
우리들의 마지막 지상의 눈부신 저녁,
들가에 피어난 작은 꽃봉오리에 입을 맞추리라.

내게 거닐 길을 주었던 고향,
그 한줌의 흙 다사론 체온으로 돌아가며
다 갚지 못한 삶 무거운 빚으로 남길지라도
탓하지 않는 자연의 너그러운 품에 안겨
사랑이여, 나는 몇 백 번 태어나도 다시 사랑하리라.
오오 오래오래 남아 내 것으로 만들고 싶었던 이 산하여.

4부

부활의 노래
– 어느 젊은 혼령들의 결혼에 부쳐

돌아오는구나
돌아오는구나
그대들의 꽃다운 혼,
못다한 사랑 못다한 꿈을 안고
죽음을 넘어 시대의 어둠을 넘어
부활의 노래로
맑은 사랑의 노래로
정녕 그대들 다시 돌아오는구나.

이 땅에 우뚝 솟은 광주의 어머니
역사의 증언자, 무등산 골짜기 넘어
우수절 지나 상그러이 봄내음 풍기는,
기지개 켜며 일어서는 무진벌 넘어
한 많은 망월동望月洞,
이름 모를 먼 주소를 넘어
가난한 이웃들이 모여 사는
광주 지산동 광천동
청소부 아저씨네 낡은 울타리를 넘어
주월동 셋방살이 젊은 기사님네
작은 창문을 넘어

정녕 그대들
머나먼 저승의 길목을 넘어
언 땅 뚫고 솟아오르는
끈질긴 잡초 뿌리로 우거지는구나
툭툭 망울 트는 핏빛 진달래로 타오르는구나.

그날, 5월은 너무나 아름다왔고
너무도 뜨겁고 잔혹했던 달,
산산히 갈라진 목소리 속에서도
온몸 끌어안고
천 번이고 만 번이고
입 맞추고 싶었던 사랑,
융융한 강물로 막힌 둑을 무너뜨리었더니!
꽃 같은 핏방울로 어둠을 찬찬히 불사르었더니!

지금은 다시 얼어붙은 땅
저 잔혹한 막힌 겨울의 어둠을 뚫고
광천동, 양동 다리 밑 넝마주이들의
해진 동상의 발가락 사이로
야학에서 늦게 돌아오는

나어린 여직공의 빈 창자 속으로
그날, 아세아다방 앞
고아원 구두닦이들의 깨어진 구두통 속으로
목 메어 흐르는 시커먼 광주천의 오열 속으로
갇힌 벗들의 사랑이 우는 교도소 철창 속으로
문득 어깨를 치며
여보게! 쌩긋 웃음지어 보이던
그 시원하고 큰 눈, 그 서글서글한 눈빛 속으로
그대들은 돌아오는구나
돌아와 우리들 곁에 나란히 서는구나.

퉁겨오르는 새날의 태양처럼
황토 땅에 뿌리 뻗는
새봄의 향그런 쑥이파리처럼
맨살로 꿋꿋이 서 있는 참나무처럼
스스로 몸을 썩혀 싹을 틔우는
언 땅에 묻혀 겨울을 이겨낸 보리처럼
끝끝내 죽지 않은 뿌리로
빛살 가르며 날아가는 창끝,
과녁을 향해 달려가는 화살로

온 천지 가득한 눈부심으로
돌아오는구나,
돌아와 우리들의 가슴을 채우는 빛이 되는구나.

그날, 가시 우에도
맨발의 장미 툭툭 망울을 트고
피 함박 머금은 모란꽃
송이송이 낙화로 뚝뚝 떨어지던 날
무등산을 안고도 남았던 가슴
온누리를 안고도 남았던 하늘
우리들의 사랑 금남로 가득 벅차게 넘쳤더니!
우리들의 눈물 뜨겁게 샘솟아 타올랐더니!

어디에도 남은 가슴이 없는
지금은 엎대어 있는 고난의 거리
비닐공장 여공들의 퀭한 눈동자 속에서
시장 귀퉁이에 쭈그려 앉은
생선장수 노파의 눈꼽 속에서
살아남은 사람들의 부끄러움
우리들의 비겁한 양심 속에서

집 없는 혼령들
짝 없는 혼령들
붕붕거리는 파리떼의 날개소리로
수채구멍 속에 스미는 꾸정물의 오열로
돌아오는구나,
돌아와 우리들의 슬픈 노래가 되는구나.

어디에도 있고
어디에도 없는 그대들
흔적도 없이 지워졌다가
다시 80만 개의 아픔으로 돌아오는
그대들은
갓 사랑하기 시작한
귀여운 누이들의 귓속말
깔깔대는 그들의 밝은 웃음 속에 있고
머리칼 하나 남김없이 가버린
그대들은
절뚝거리는 재봉공의 목발
삐걱거리는 휠체어의 바퀴 속에 있고
이 땅의 가장 캄캄한 어둠 속

척박한 황토 땅에 뿌리 뻗은
한 줄기 꼿꼿한 죽순 속에 있다.

사랑한다는 것은 죽는다는 것
죽는다는 것은 다시 산다는 것
그날, 캄캄한 허공을 향해 날아간
깨어진 돌멩이 속에 숨어 있고
가슴을 뚫고 날아간 아픔,
어디선가 까맣게 녹이 슬었을
그날의 어둠 속에 숨어 있고
피와 눈물 대신에 마시는
금남로의 타는 목마름
한 젊은이의 목숨을 구한
황금동 여인의 뜨거운 핏줄기 속에 숨어 있다.
누가 우리를 죄인이라 하는가
누가 우리를 죄인이라 하는가
목메어 부르는 진혼가의 절규 속에 있다.

하나는 고향집 양지 쪽에 핀
수수한 장다리꽃

하나는 어여쁘디 어여쁜 호랑나비
두 날개 쩍 벌려
춘향이와 이도령 상사춤 어우러지듯
꽃과 꽃의 순결한 입맞춤으로
아사달과 아사녀의 속삭임
그 순결한 배꼽과 배꼽의 만남으로
고구려적 하늘 아래 편
맑고 고운 진달래꽃 빛깔로
한 줌 깨끗한 고향의 흙으로
그 위에 타는 찬란한 저녁노을로
풀 끝에 스미는 한 방울 이슬로
대장균 우글거리는 광주천의 검은 오열로
돌아오는구나,
돌아와 우리들의 빛나는 사랑이 되는구나.

무너진 땅에 다시 봄은 오는데
가시 위에도 맨발의 장미,
칼날을 딛고
또 피 먹은 장미, 5월의 장미는 피어나는데
콕콕 찌르는 아픈 가시로 오는 임!

소주 속에 스미는 독한 향기로 오는 임!
알큰한 고춧가루 매운 눈물로 오는 임!
역천하는 배반의 땅 위에 누워
아직도 잠들지 못하는 혼령이여
총각 귀신
처녀 귀신
집도 없고 짝도 없는
오오 구천을 떠도는 무주고혼이여!

오늘은,
깨끗한 혼과 혼으로 만나
이 땅을 끌어안고 입맞추는
한 줄기 고요한 바람이 되거라
저 미치게 푸른 하늘 아래
꽃과 꽃의 맨살로 만나
오늘은,
잠들지 못하는 땅의
찬란히 타오르는 한 줄기 노을이 되거라.

* 이 시는 1982년 2월, 광주 망월동 5·18 구묘역에서 열린 고 윤상원 군과 고 박기순 양의 영혼 결혼식전에서 낭독한 작품이다.

직녀에게

이별이 너무 길다
슬픔이 너무 길다
선 채로 기다리기엔 은하수가 너무 길다.
단 하나 오작교마저 끊어져 버린
지금은 가슴과 가슴으로 노둣돌을 놓아
면도날 위라도 딛고 건너가 만나야 할 우리,
선 채로 기다리기엔 세월이 너무 길다.
그대 몇 번이고 감고 푼 실을
밤마다 그리움 수놓아 짠 베 다시 풀어야 했는가.
내가 먹인 암소는 몇 번이고 새끼를 쳤는데,
그대 짠 베는 몇 필이나 쌓였는가?
이별이 너무 길다
슬픔이 너무 길다
사방이 막혀 버린 죽음의 땅에 서서
그대 손짓하는 연인아
유방도 빼앗기고 처녀막도 빼앗기고
마지막 머리털까지 빼앗길지라도
우리는 다시 만나야 한다
우리들은 은하수를 건너야 한다.
오작교가 없어도 노둣돌이 없어도

가슴을 딛고 건너가 다시 만나야 할 우리,
칼날 위라도 딛고 건너가야 할 우리,
이별은 이별은 끝나야 한다
말라붙은 은하수 눈물로 녹이고
가슴과 가슴을 노둣돌 놓아
슬픔은 끝나야 한다, 연인아.

화정동의 저녁노을

광주光州 화정동
국군통합병원 부근의
저녁 노을은 유난히 붉다.

못다 살고 죽은 사람의
아름다운 뒷모습인 양
활활 타오르다
이내 서녘 하늘 속으로
총총히 숨어버리는
저녁 종소리!
당신의 그리운 뒷모습이 보이는데,

누구의 이름이라도 소리내어 부르고 싶은
절절한 손길이 되어 나부끼다가
내 가슴 복판에 불을 지르고
그 어느 절정에서 피를 함빡 쏟는다.

아 하나가 되고 싶은 어떤
간절한 가슴과 가슴이 만나
뜨겁게 뜨겁게 타오르다 숨진다.

아직은 슬퍼할 때가 아니다

태산과 같은 슬픔이 가슴을 짜누르고
강물과 같은 눈물이 가슴에 넘칠지라도
그 슬픔과 눈물이 꽃이 되기까지는
아직은 슬퍼할 때가 아니다.

타오르는 분노, 온몸을 태우는 노여움이
우리들의 오장육부를 콕콕 찌르고
뼛속 깊이 아픔이 스며들지라도
그 분노 노여움이 산이 되기까지는
아직은 슬퍼할 때가 아니다.

슬퍼할 때가 아니다, 아무리 괴로움이
우리의 입을 틀어막고
두 눈이 뒤집혀
하늘이 캄캄해질지라도
그 괴로움과 슬픔이 사랑이 되기까지는
아직도 참고 견디어야 할 오늘의 고통,
우박과 폭풍우 밑으로 가는
그 피 아픈 수난의 땅 위에 엎디어
온몸으로 포복할지라도

사랑하는 사람아, 진정 아직은
슬퍼할 때가 아니다.

슬픔은 슬퍼할 줄 아는 사람에게만
진실이 되고 신앙이 되고
향기 고이는 자양이 되는 것
뜨거운 분노가 기도가 되기까지는
모아 쥔 두 개의 상처 난 손이 십자가가 되기까지는
결코 아직은 슬퍼할 때가 아니다.

슬퍼할 동안 만큼 아직 더 살아 있을
너와 나의 뜨거운 애증을 안고
천 겹 미움의 껍질 벗기고 벗기어
증오가 보다 큰 사랑이 되기까지는
너와 나의 가슴이 하나가 되기까지는
아직은 슬퍼하지 않는
오 보다 큰 분노여
모진 아픔이여.

백골예찬

목숨보다 더 소중한
내 조국 내 고향
그 향기론 흙 속에 묻혀
날로 고와진
이 아름다운 백골을 보아라.

그 어느 빛나는 꽃보다 더 눈부신
차마 눈뜨고 바라보기마저 현기증 나는
이 깨끗한 정결한 침묵을 보아라

산 사람들 변절하고
육신에 아픔 못 이겨 굴복할 때도
백골은 오히려 불변의 모습으로
썩어 그 향기 날로 깊어지거니

이름이 없어도 좋다
명예와 훈장은 오히려 부질없는 장식
파란 이끼마저 자랑스레 간직하고
스스로 사랑했던 조국의 흙 품속에
차라리 두 평 흙구덩이 무덤이 없어도 좋았다.

두더지가 파먹고
마지막 남을 것만 남은 희고 고운 백골
천언 만사의 증언을 대신하여
이 한 조각 뼈 조각과 두개골이
우리가 숨 쉬는 대지와 하늘이 아니냐.

스물 여섯 해
골짜기를 울고 간 뇌성벽력 속에서
이슬로 닦이고 바람으로 삭이고
꽃잎으로 씻기고 별빛으로 속삭이며
날이 갈수록 고와가는 주검을 보아라.

흐드러진 진달래로 비단 삼고
능선을 쓰다듬은 바람으로 집을 삼아
휘영청 달밤이면 온몸으로 흐느끼는
오오 차갑게 식은 눈부신 몸부림이여
무덤마저 거부한 빛나는 백골이여.

우리를 가로막고 있는 것

우리를 가로막고 있는 것이
철조망이나 탱크가 아니다.

철조망이나 탱크보다 더 완강한 것은
우리들의 편견, 우리들의 이기심,
형제의 손에 떡 대신 돌을 쥐어 주는
욕망의 빌딩을 쌓아 올리는 모진 놀부의 욕심에 있다.

우리를 약하게 만드는 것이
제국주의나 파시즘의 논리만이 아니다.

최루탄보다 총칼보다 더 무서운 것은
우리들의 기득권, 우리들의 독점욕,
형제의 가난까지 훔쳐다 투기하고
손만 닿으면 황금이 되는 마이더스의 욕망,
수천 억의 공장을 통째로 삼키는 저금통에 있다.

우리를 가로막고 갈라놓는 것은
휴전선이나 판문점 초소가 아니다.

잘못된 지배논리, 약한 자의 이마를 딛고
핏줄기보다 인간끼리의 참된 사랑보다
얼굴이 닮은 동포의 의리보다
더욱 더 소중한 부동산 문서,
보다 더 튼튼한 권좌를 위하여
남 몰래 들여다보는 비밀구좌를 위하여
형제의 가슴에도 칼을 박는 지배욕,
가는 곳마다 말뚝을 박는 독점자본에 있다.

가슴마다 철조망을 쳐놓고
가슴마다 38선을 금 그어 놓고
이웃을 거부하고
동족을 거부하고
형제의 얼굴에 침을 뱉는 것은
형제의 이마에 모진 돌을 던지는 것은
우리가 믿는 제도라는 맹목의 살인도구,
인간이 인간을 죽이는 합법적 살인종교,
전쟁이라는 괴물을 믿고 있는 정치에 있다.

사람이 사람을 가로막는 담을 헐어내기 전에는

형제의 눈에 티는 보며 내 눈의 들보는 못 보는
고질병 이기주의의 눈꼽을 닦아내기 전에는
가슴과 가슴에 가로놓인 불신의 장벽
보다 더 완강한 38선을 걷어내기 전에는
형제의 피와 살을 팔아 즐기는 부귀영화
흡혈의 독점, 정치의 우상을 벗겨내기 전에는

끝끝내 물러가지 않을 외세 귀신이여
끝끝내 하나가 될 수 없는
견우와 직녀의 기나긴 이별이여 리별이여.

나는 너의 절벽이 되고
너는 나의 절벽이 되고
또 하나의 38선 앞에서
또 하나의 6·25
또 하나의 5·18
또 하나의 기나긴 남북대결 앞에서
진정 우리들의 적은 우리들 자신
형제의 가슴에 축하의 꽃다발 대신
모진 증오의 총칼을 들이대고

형제의 이마에 돌을 던지는 편견
사랑을 거부하는 독선과 오만의 이기심에 있다.

진정 그대는 손에 쥔 돌멩이로
누구의 이마를 치려 하는가
진정 그대는 손에 쥔 총칼로
누구의 가슴을 겨냥하려 하는가.

오호 우리를 가로막고 있는 것은?
오호 우리를 서로 적이 되게 하는 것은?

코카콜라

발음도 혀끝에서 도막도막 끊어지고
빛깔도 칙칙하여라, 외양간 소탕물같이
양❘병에 담긴 녹빛깔 미국산 코카콜라
시큼하니 쎄하게 목구멍 넘어간 다음
유유히 식도를 씻어내려가
푹 게트림도 신나게 나오는 코카콜라
버터에 에그후라이 기름진 비프스테이크
비계 낀 일등국민의 뱃속에 가서
과다지방분도 씻어낸 다음
삽상하고 시원하게 스미는 코카콜라.
오늘은 가난한 한국 땅에 와서
식물성 창자에 소슬하게 스며들어
회충도 울리고 요충도 울리고
메시꺼운 게트림에 역겨움만 남은 코카콜라.
병 마개도 익숙하게 까제끼며
제법 호기있게 거드름을 피울 때
유리잔 가득 넘치는 미국산 거품
모든 사람들은 너도나도 다투어 병을 비우는구나
슬슬 잘 넘어간다고 제법 뽐내어 마시는구나
혀끝에 스며 목구멍 무사통과하여

재빨리 어두운 창자 속으로 잠적하는 아메리카,
혀끝에 시큼한 게트림만 남아 있더라
뱃속에 꺼져버린 허무한 거품만 남아 있더라
제법 으시대며 한 병 쭉 들이켜며
어허 시원타 거드럭거리는 사람아
진정 걸리지 않고 슬슬 잘 넘어가느냐
목에도 배꼽에도 걸리지 않고
진정 무사통과 잘 넘어가느냐
콩나물에 막걸리만 마시고도
달덩이 같은 아들을 낳았던 우리네
오늘은 코카콜라 마시고
시큼새큼 게트림 같은 사랑만 배우네
랄랄랄 랄랄랄 지랄병 같은 자유만 배우네
목이 타는 새벽녘 빈 창자에
쪼르륵 고이는 냉수의 맛을 아는가
언제부턴가 일등 국민의 긍지로
쩍쩍 껌도 씹으며
야금야금 초콜릿도 씹으며
유리잔 가득 쭉 들이켜는 코카콜라
입맛 쩍쩍 다시고 입술을 핥은 다음

어디론가 사라져가는 허무한 거품이여
우리 앞엔 쓸쓸히 빈 병만 그득히 쌓였더라
너와 나의 배반한 입술,
얼음도 녹고 거품도 사라지고
시금털털 게트림만 쏨쓰름히 남아 있더라

정신대 할머니

16세 꽃다운 나이에
일본 군대에 끌려가
조국과 처녀를 함께 빼앗기고
그들의 군화 밑에서
갈가리 찢기운 낙화유수

닥지닥지 주름진 얼굴
오욕의 역사로 간직하고
냉대 속 타국 땅에서
칠순을 맞은
정신대 할머니

밤마다
때 저린 담요 위에서 으깨어진
잃어버린 청춘은
일본 천황의 옥좌로도 바꿀 길이 없는데
지폐로 보상하는 역사 앞에
눈물마저 빼앗긴 정신대 할머니

우리는

그 기구한 여인의 이야기를
아득한 먼 시대의 전설처럼 듣는다
지구를 한바퀴 돌아
여기
한 피해자는
숭엄한 역사처럼 앉아 있는데

어떻게 살았느냐 질문을 던지는
아아, 조국은
진정 안아줄 품안이 남아 있는가

일본

나는 당신들을
벚꽃을 보듯 볼수는 없다
4월 달 푸른 하늘을 배경으로 하여
온몸으로 웃는 저 활짝 핀 꽃
그 꽃의 청신한 자태를 보듯 볼 수는 없다.

누군가 말했다, 벚꽃은
순결하고 열정적이고
천하의 봄을 한거번에 물들이고 남는
넉넉하고 융융한 빛깔,
다 드러내고 감춘 것 없는 정직한 꽃
봄 동산 가득 향기로 채우는 가장 아름다운 꽃 중의 꽃이
라고.

그러나 나는 당신들을
벚꽃 피는 봄날
게이샤의 두 뺨에 흐르는 홍조,
다소곳한 그 아미
간드러진 사미생의 가락에 따라
높고 낮게 흔들리는 살풋한 그 춤사위

진정, 그 일본의 여인의
아양진 연가를 듣듯 바라볼 순 없다.

벚꽃의 향기 밑에
살모사의 음모가 도사리고 있고
게이샤의 미소 밑에
피비린 닛본도의 캇날이 숨어 있음을
우리는 똑똑히 보아 왔다.

자국내 자국끼리 통하는
일본 국민의 근면과 정직성이
남의 나라 국경을 넘어오면
침략이 되고 전쟁이 됨을
우리는 똑똑히 보아 왔다.

잘도 핀 벚꽃을 보면서도
우리는 피 내음새를 연상해야 하고
아름다운 국화꽃 속에서도
잔혹한 닛본도의 피 냄새를 잊지 않는다.

우리의 남과 북의 기나긴 생이별이
진정, 그대들과 무관하다 생각하느냐
이 땅의 길고 긴 정치의 겨울이
진정, 그대들과 별개의 남의 일이라 생각하느냐.

오늘, 일본은 또 하나의 아시아의 미국
두 개의 얼굴을 가진
동양의 유태인 새로운 양키라고 보는
우리의 주장이 틀렸다고 생각하느냐.

달러를 등에 업은 엔화의 대리 역할
캘리포니아의 사막 무법자의 권총과
에도의 달빛 아래 빛났던 사무라이의 칼날
그 프런티어 정신과 대화혼이 합친
환태평양 시대의 새로운 안보의 고리,
미국의 적자와 일본의 흑자가 만나는 곳에서
한국의 38선은 더욱 멀어가고
미, 소, 일, 중, 새로운 균형 속에
인질로 잡힌 한반도의 분단사
새로운 제국에의 아련한 향수는

또 하나의 전쟁을 잉태하고 있다.

진정, 당신들이 평화헌법을 사랑하고
동양의 평화를 원하느냐
북한 동포의 자립 경제의 궁핍이
남한 동포의 저임금과 자유 쟁취의 갈망이
진정, 당신들의 부귀와 무관한 것이냐.

독약에 숨진 민족시인, 복강 감옥의
윤동주의 넋이 역력히 외치고 있는데
도막도막 갈라진 사신, 기미년
유관순 누나의 부릅뜬 눈이 빛나는데
보는대로 죽이리라, 만주 하얼빈 역두의
안중근 의사의 육혈포가 절규하는데

어떻게 쉽사리 잊을 수가 있는가
어제의 역사가 되풀이 되는데
어떻게 속빈 창자 헤헤거리며
새로운 선린의 악수가 가능한가.

오늘도 현해탄은 출렁인다
새로운 제2의 대동아 시대의
태풍주의보 발효 중
어디선가 아직도 총독의 소리는 들려오는데
북한은 고립시켜 목을 조이고
남한은 타락시켜 썩게 하고
돌아와요 부산항에
건망증 왜색 가요를 부르기엔 쑥스럽구나
기생 파티 모셔 놓고
명월관의 추억 가야금에 실으며
그날의 창경원 벚꽃놀이 되풀이는 민망하구나.

현해탄의 파도에 실은 은원의 세월,
관부 연락선의 난간에 기대인 사랑은
오늘도 짝사랑에 새로운 정사를 꿈꾼다.
용서하라 그러나 잊지는 말라!
홋가이도와 사할린 냉기 어린 탄광,
막장에 묻힌 해골의 외치는 소리
관동군 군화 밑에 짓눌린 정신대,
나이 어린 조선 처녀의 신음 소리가

남양군도 밀림 속에 자지러지고 있다
돌아오지 못하는 땅에 백골로 울고 있다.

오오 일본, 가깝고도 먼 나라여
앙두구육의 경제 대국,
우리들의 피를 딛고 번영하는
20세기의 동양의 아메리카인
또 하나의 양키여.

취조실에서

나는 때때로 안중근 의사를 떠올린다
하얼빈 역두에서 이들을 저격할 때
"보난대로 죽이리라" 당당히 외친
그 항일 의거시를 생각한다.

째째하게 비틀고 꼬부리고 눙쳐
의미의 4분의 3을 감춘 풍자시만 쓴 나는
육혈포 꼰아쥐고 피로써 읊은
그 의거시를 읽으면 통쾌해진다.

두 번째 끌려 갔을 때 나는
육혈포 여섯 방을 차례로 먹여
이등박문이 가슴에 구멍을 내고
스스로 걸어나와 만세 부른 다음
"나는 대한민국 사람 안중근이다" 외치며
자랑스럽게 끌려간 안중근 의사,
그 당당한 의혈의 절규를 떠올렸다.

나는 왜 그렇게 떨리기만 했는가
식은 땀이 흐르고 오줌이 마렵고

나는 왜 자꾸만 심장이 두근거렸는가
새끼들이 차례로 지나가고
연약한 내 아내가 떠올랐는가.

세 번째 끌려갔을 때 나는
법정에 선 안중근 의사,
"왜 달아나지 않았느냐" 묻는 일인 검사에게
"이등박문이 만큼은 대한민국 사람이 죽였음을
온 천하에 알리고 싶었다" 대답하고
"나라를 빼앗은 도적놈을
왜 죽이지 않겠는가" 반문한 장면을
또 한번 저절로 떠올려 보았다.

오늘 또 하나의 일인 검사는
저만큼 앉아 나를 굽어 보면서
빙그레 웃으며 시험하는데,
한쪽에서 정다운 목소리로
안중근 의사가 타일러 준다
"여보게, 이 사람아 죄도 없이
왜 자꾸만 벌벌 떨고 있는가.

자식을 잊게, 직장을 버리게,
알량한 40평 짜리 한옥을 잊게
시시한 시를 버리게, 집에 두고 온
낡은 책과, 학사 학위 졸업장을 잊게, 이 사람아!"

깜짝 놀라 깨어나니
저만치 자술서 위에
희미한 형광등이 춤을 춘다
"자백하라 자백하라"
사위의 하얀 벽이 윽박지른다.

아, 나라를 사랑한다는 것이
단순한 책 속에 있는 역사가 아님을
나는 두 번째 끌려가서야 알았다
안중근 의사를 존경만 할 수 없음을,
또 하나의 안중근 의사가 되어야 함을 알았다.

새벽이 오기까지는

새벽이 오기까지는
아직 우리들은 어둠에 익숙해야 한다
어둠에 스며들어 어둠의 일부가 되고
어둠과 속삭이며 오히려 어둠을 사랑하며
속속들이 어둠의 은밀한 가슴을
열렬히 두 팔로 끌어안을 줄 알아야 한다.

새벽이 오기까지는
아직 머언 한밤 중,
아직 우리들은 깊은 잠에 빠져서는 안 된다
피투성이 내일을 끌어안기 위하여선
한 톨의 불씨가 되어 묻혀 있어야 하고
이 기나긴 공방,
비록 신랑이 오지 않는다 할지라도
잿빛 창가에 기대어 서서
먼 별의 약속을 믿으며
한 알의 꽃씨를 깊이 간직할 줄 알아야 한다

역사는 언제나 밤에 이루어지는 것
절망은 또 하나의 희망, 그것을 끌어안고

그것을 입 맞추며, 우리는 속속들이
어둠에 녹아들 줄 알아야 한다
피 젖은 어둠의 육신을 사랑할 줄 알아야 한다.

보라, 지금은 깊은 밤
모든 빛이 사라지고 온누리 캄캄할 때
두 손을 모으는 자리에서
비로소 만나는 임의 모습
처절한 절망의 법도가 오히려 엄숙하다!

그리하여 새벽이 오기까지는
더 기다리고 있어야 할 기나긴 인고忍苦,
보다 더 열렬히 사랑하기 위하여
보다 더 뜨겁게 입 맞추기 위하여
아직은 더욱 절망을 사랑해야 한다
한 톨의 불씨를 안고 스스로 어둠이 되어야 한다.

지금 한 마리의 불나비는
온몸 불사루어 황홀한 향연!
차라리 어둠을 입 맞추며

한 줄기 불꽃 속에 타버리며
거대한 절벽을 부둥켜안고
온몸으로 사랑하는 절망을 배운다.

온누리 밝음 죄다 삼켜버리고
천근의 무게로 쩌누르는 어둠속에서
한 톨의 불씨로 타오르는 사랑이여
오 한꺼번에 살아버릴 뜨거운 가슴이여.

다시 오월은 와야 한다

우리가 길을 가다가
한밤중 길을 잃고 방황할 때
다시 우리들의 5월은 와야 한다
너와 나의 믿음이 깨어지고
마지막 한 방울의 눈물이 마를 때
진정 우리들의 5월은 다시 와야 한다
묵은 가지마다 라일락이 피고
뿌리마다 숨어 있는 빛살들
꽃으로 잎으로 알알이 터져나오듯
우리들의 피, 우리들의 눈물 솟구치는
그날의 5월, 죽음의 5월,
피 한 방울마다 하나씩의 꽃이 지는
끝내, 속살까지 다 적시고 마는 피의 5월,
천 송이 만 송이 꽃으로 다시 터져 나와야 한다
우리가 길을 잃고 방황할 때
우리가 자기도 모르게 5월을 부정할 때
아, 그때 5월은 다시 와야 한다
배반한 여인의 입술에 바치는 키스같이
그렇게 뜨겁게 잔인하게 와야 한다
5월은 5월을 노래하는 사람의 혀끝에서

다시 살해되고 다시 부정되고 있다
5월은 오직 5월을 몸으로 사는 사람들
그 5월을 혼으로 넋으로 껴안는 사람들
그 5월을 꽃으로 빛으로 바라보지 않고
스스로 5월의 꽃이 되고 빛이 되는 사람들
그 사람들의 죽음 속에서 와야 한다
우리가 5월을 배반할 때
우리가 5월을 팔고 방황할 때
그때 5월은 다시 가시에 찔린 장미
그대 옆구리에 뚫린 염통의 피를 보아라
오 5월은 5월을 노래하는 달이 아닌 투쟁의 달
그대 눈부신 장미꽃 꺾어 조화 바치지 말고
스스로 피흘리는 장미꽃 되라
무덤 속 썩은 살점, 한줌 흙으로 돌아간 사람들의
들으라, 눈부신 핏방울의 외침을!
보아라, 무덤들이 입을 벌려 외치는 자유를!

무등산에 올라 부르는 백두산 노래

백두산이 북한의 함경북도에 있고
무등산이 남한의 전라도 광주에 있다고
그 소재지를 확인하는 것은
이제 아무런 의미가 없다.

백두산은 지도 속에 숨어 있거나
관광객의 수첩 속에 잠자는 산이 아니다
갈라진 조국의 아픔을 사랑하는 사람들의
뜨거운 가슴 속, 통일을 갈망하는 사람들의
그리운 마음 속에 하나의 불꽃으로 타고 있다.

철로가 끊겨서 못 가는 땅,
철조망이 가로 막혀서 못 가는 땅,
외인부대의 총칼이 막아서서 못 가는 땅,
동족이면서 적성국, 조국이면서 타국인 땅,
온 세계 지구상에서 가장 먼 곳에 있는 백두산.

남의 땅으로 돌아서 남에게 길을 물어
남의 차 남의 비행기 타고 가서
죄 짓는 마음으로 조심스럽게

숨어서 넌지시 모르게 훔쳐보고 오는 남의 백두산.

나는 오늘 그 산을 오르기 위해
전라도 광주의 무등산을 오른다
장백의 묏부리 굽이쳐 흘러
조국의 등뼈 태백산맥을 타고
소백산맥 노령산맥 골골이 펼친 비단 치마폭
맥맥히 흐르는 뿌리는 같기에
오늘 무등산에 올라 백두산을 노래부른다.

무등산을 딛고 백두산을 끌어안으며
무등산을 안고 백두산을 입 맞추는
광주 금남로는 멀리 백두산으로 가는 길
광주 망월동은 백두산을 찾아가는 올바른 지름길.
무등산은 남한에 솟은 또 하나의 백두산이다.

무등산을 거치지 않고서는
끝내 그 높이에 오르지 못하는 백두산,
금남로를 통과하지 않고서는
끝끝내 다 오를 수 없는 민족의 영산 백두산,

그 높이에 다다르기 위하여
그 드넓은 가슴 끌어안기 위하여
꺼지잖는 뜨거운 불꽃을 안고
오늘 다시 무등산에 올라가
서석대에 발을 딛고 장군봉을 끌어안는다

무등산은 또 하나의 백두산
백두산은 또 하나의 무등산
무등산과 백두산이 만나는 곳에서
장밋빛 새벽은 탄생의 피 함빡 쏟으며
부산에도 광주에도 같은 태양이 떠오르고
서울에도 평양에도 같은 닭울음소리 울려온다.

광주 무등산에 올라가
멀리 백두산을 끌어안는 그리운 불길이여!
오오 무등산에 올라 무등산을 끌어안고
멀리 백두산의 그 마음 사무치는 그리운 연정이여!

| 회고의 글 |

무등산이 낳은 견결한 시인 문병란
– 민족문학, 통일문학의 대로大路에서

김준태(시인, 전 조선대 초빙교수, 5·18기념재단 이사장)

 시인 문병란 선생님! 기러기 날아오는 이 가을, 선생님께서 먼 하늘로 가신 지 벌써 10주기가 되었다. 필자의 경우 돌이켜보니 문병란 선생님과 문학적으로 혹은 오랜 삶과 역사 속에서 함께한 세월이 적어도 60여 년을 넘어섰던 것 같다.
 강렬한 열정과 격정에 사로잡혔던 젊은 날의 '스트롬 운트 드랑(질풍노도)' 시절, 문병란 선생님과 나 사이에는 여러 차례 굳은 약속과도 같은 일화가 있었다. 그것은 먼저 내가 주창(?)한 것이기도 했다. "광주에서 말이죠, 문병란 선생님께서 괴테Goethe라면 나는 쉴러Schiller로 살면서 시(노래)를 쓰고 또한 시를 지켜나가야 하겠지요." 괴테가 귀족 출신으로 바이마르공화국의 재상이 되었다면 쉴러는 저항시를 써서 자기의 고향에서 쫓겨나 망명을 가야 했다.

불멸의 대서사시 「파우스트」를 평생 동안 저술한 괴테와 '30년 전쟁'을 옮겨와서 대작 「발렌슈타인 3부작」 희곡을 무대 위에 올린 쉴러는 '독일 고전주의의 쌍벽이요 양대산맥'이었다. 세계적인 두 시인을 한국으로 그것도 '광주Gwangju'로 데리고 와서 비유한 것은 재미있는 추억이었다. 그만큼 문병란 선생님과 김준태 나는 너무나도 가까운 문학적 우정을 서로 나누면서 광주에서의 문학정신과 시대정신(T.S.엘리엇 말로 하면 역사의식)을 '하나의 몸'으로 보았으며 또 그렇게 글과 몸으로 실천하려 했다.

문병란 선생님과 나는 여행도 참 많이 같이했다. 서로의 고향을 자주 찾아가는 것은 물론이었으며 국내 도처의 여행과 태평양 건너 미국여행도 함께 했다. 특히 미국여행은 장기간이어서 김준태가 문 선생님의 겉옷은 물론 속옷도 거의 매일 빨래해 드렸다. 하루의 일정을 소화하고 호텔에 돌아오면 언제나 속옷 팬티와 런닝셔츠를 깔끔하게 빨아서 고슬고슬하게 말려서 드렸다. 그때마다 선생님은 미안해 하면서도 진심으로 좋아했다.

아, 문병란 선생님과 함께하였던 그리운 시절… 선생님은 민족문제와 통일문제에 있어서는 오히려 젊은 나보다 더 순결하고 더 견결하고 그리고 눈물겹도록 '한 길, 한 생각'이었다. 선생님의 다음 시를 읽어보자! 한반도 땅끝 해남의 밤 바닷가, 저 먼 바다에서 파도가 밀려오는 모래밭을 같이 걸었는데… 선생님은 그때의 심정을 '여행'이라는 시에 고스란히 넣어서 노래했다. "가는 곳마다 가로막는 38선뿐, / 지도 속에 흐르던 선은 / 어느덧 우리들의 가슴속에 들어와 / 너와 나의 손길을 얽어 묶는구나." 한반도의 허리를 졸라매고 있는 '38선'은 남쪽바다 저 멀리 제주에도 있고, 해남 땅끝 바닷가에도 있고, 선생님과 여행한 미국의 'LA코리안타운'에 거주하는 교민들의 입술 속에도 있다는 것이 문병란 선생님의 비애의, 선언적 경고였다.

> 2백 리를 지나서 / 나는 어느 국토의 끝으로 갔다. // 황톳빛 땅의 / 배고픈 뻐꾹새 울음소리 따라 / 막걸리로 목을 추기며 가는 / 쓸쓸한 땅의 쓸쓸한 여행. // 기다리는 사람도 없이 / 만나야 할 사람도 없이 / 무엇인가 보기 위하여 / 무엇인가 만나기 위하여 / 나는 자꾸만 국토의 끝으로 갔다. // 포케트 속엔 / 천 원짜리가 다섯 장, / 가난한 땅의 가난한 사람들이 사는 / 똥개가 짖는 마을을 지나 / 김생원 박생원이 사는 / 국토의 끝으로 가는 나의 여행. / 반도의 끝에 가서 / 내가 보았던 하늘빛은 무슨 빛깔이었던가. // 가는 곳마다 반기는 것은 / 새파란 파도의 노래가 아니라 / 내 앞을 가로막는 표지판, / 또 하나의 38선이 길을 막고 있었다. // 조개껍질 속에 쌓이는 전설도 없고 / 인어가 부르는 노래도 없이 / 가는 곳마다 가로막는 38선뿐, / 지도 속에 흐르던 선은 / 어느덧 우리들의 가슴속에 들어와 / 너와 나의 손길을 얽어 묶는구나. // 쓸쓸한 이틀만의 여행에서 / 돌아오면서, / 내가 보았던 하늘 / 내가 보았던 바다 / 수많은 38선을 지나오면서 / 얼룩진 조국의

얼굴을 바라보면서 / 내가 불러야 할 이름은 누구인가 / 김
서방도 박서방도 만나지 못하고 / 내가 안아볼 가슴은 누구
인가. // 갈매기만 끼룩끼룩 울고 가는 / 국토의 끝, / 쓸쓸
한 땅의 쓸쓸한 여행이여. /

—「여행」(무크《실천문학》·1981)

문병란 선생님은 남과 북 8천만 동포들이 즐겨부르는 「직
녀에게」와 「땅의 연가」 등 우리 시대 민중들에게 절창을 남
긴 시인이다. 그렇게 바라고 바라던 통일의 그날과 모두가
함께하는 아름다운 세상을 보지 못하고 홀연히 우리 곁을 떠
났다. 선생님은 1959년, 조선대 문리대 문학과 재학 중에 《현
대문학》 10월호에 「가로수」를 시작으로 은사이신 다형 김현
승 시인의 추천을 받아 한국문단에 나왔다. 『정당성』, 『땅의
연가』, 『벼들의 속삭임』, 『동소산의 머슴새』, 『무등산』 등 30
여 권의 시집과 『저 미치게 푸른 하늘』, 『현장문학론』, 『민족
문학론』 등의 30여 권의 평론집 및 산문집 등 모두 60여 권의
저서를 펴냈다.

"이별이 너무 길다 / 슬픔이 너무 길다 / 선 채로 기다리
기엔 은하수가 너무 길다 // …말라붙은 은하수 눈물로 녹이
고 / 가슴과 가슴에 노둣돌을 놓아…슬픔은 끝나야 한다, 연인
아."(「직녀에게」) "나는 땅이다 / 길게 누워 있는 빈 땅이다… /
나는 다시 깨끗한 땅이다 / 아무도 손대지 못하는 아픔이다 /
…더욱 기름진 역사의 발바닥 밑에서 / 땅은 뜨겁게 뜨겁게 울

고 있다"(「땅의 연가」)

　대학을 졸업하자마자 선생님은 전국 국어교사 임용시험에 수석으로 합격, 순천고를 시작으로 광주제일고와 전남고교를 거쳐 조선대학교에서 오랫동안 봉직하였다. 5·18광주항쟁 때는 군수사기관의 수배 끝에 쌍촌동 '505보안대'를 거쳐 상무대 영창에 투옥 중 육군 77병원에서 수감형태의 병상생활을 하다가 사면됐다. 1974년 소위 긴급조치 시절에 출발한 자유실천문인협의회(한국작가회의 전신) 회원으로 민주화운동을 시작한 선생님은 1980년 5월 그날부터 이 땅의 '역사와 운명'을 결코 비켜서려 하지 않았다.

　선생님은 문자 그대로 시(문학)와 사람, 몸과 정신, 겉과 속이 다르지 않는 우리시대의 선비 그리고 큰 스승이었다. 마음과 사상이 늘 열려 있어서 선생님의 세대들은 물론 특히 늙지 않는 '젊은이들의 연인'이었다. 일제강점기에 태어나 분단과 독재시대를 거치지 않았다면 '아름답고 촉촉한 서정시'를 쉼 없이 써서 노래하는 그런 시인이었다. 하지만 그의 시는 서정시와 서사시가 한 숨결로 잘 만나서 고향마을 당산나무를 휘돌아가는 강물처럼 우리들의 가슴속을 찬란한 음색으로 흔든다. 「직녀에게」, 「5월의 연가」, 「인연서설」 등의 시편들이 그러함을 보여주고 들려준다. 선생님의 시는 혁명 시인이면서 낭만주의와 사랑의 시인으로 널리 회자되는 바이런과 하이네와 같은 반열에 선 한국의 위대한 리얼리즘 시인으로 오래오래 우리와 함께 할 것으로 믿는다.

결혼식 주례라면 저 해남 땅끝의 농부부터 상하좌우 계급을 구분하지 않고 충청도든 경상도든 혹은 강원도를 마다하지 않고 불원천리 달려가서 신랑 신부를 다독거려주는 문병란 선생님! 강연 약속을 어기지 않기 위하여 눈 내리는 충청도 산골짜기까지 달려가서 청중이 열 명이 될까 말까 한 마을 사람들 앞에서도 농민문제, 민족문제, 사람은 어떻게 살아야 하는가를 역설하시던 바로 그 자리에는 광주에서 선생을 모시고(?) 간 광주경찰서 정보과 형사도 있었다. 생각하면 분단시대, 슬픔과 애증이 뒤따른 아픈 시절과 아픈 역사의 되풀이가 그를 당연히 비껴가지 않았다.

이 척박한 분단 한반도에서…. 나의 그리고 우리들의 시인 문병란 선생님은 살아서는 민족시인, 하늘에 가서는 더더욱 '통일시인'으로 넉넉하게 빛나면서 남북삼천리 언제나 그리운 이 땅의 하늘과 땅에서 당신의 노래와 함께 영원하시리라 믿는다. 선생님을 기리는 시선집을 펴내며 통일의 그날을 둥글게 그려본다!

2025년, 이 가을에
두 손 모아 합장!!

문병란 시인 연보

· 1934년 갑술년 (음)8월 15일(호적은 1935. 3. 28).
           전남 화순군 도곡면 원화리(원동) 출생. 호는 서은(瑞隱).
· 1956년 화순농업고등학교 졸업.
           조선대학교 문리대 문학과(국문학과) 입학.
· 1957년 군 입대, 수도사단 맹호부대, 혜산진 부대에서 복무.
· 1959년 제대 후 3학년으로 복학.
           다형 김현승 시인의 추천으로《현대문학》10월호에
           시「가로수」초회 추천.
· 1961년 조선대학교 문리대 문학과 졸업.
           순천고등학교 국어교사로 부임. 김숙자와 결혼.
           슬하에 1남(찬기) 3녀(명아, 정아, 현화)를 둠.
· 1962년 《현대문학》7월호에 시「밤의 호흡」2회 추천.
· 1963년 《현대문학》7월호에서「꽃밭」으로 추천 완료, 문단 데뷔.
· 1966년 광주제일고등학교로 전근.
· 1969년 조선대학교 사범대학 국어교육과 전임강사로 부임.
· 1971년 처녀시집『문병란 시집』간행.
· 1972년 조선대학교에 사직서를 제출 후 학원에서 강의하다가
           이후 전남고등학교 국어교사로 부임.
· 1973년 시집『정당성』간행.
· 1974년 자유실천문인협의회 창립 회원. 이후 반독재 민족문학
           운동을 활발하게 전개.
· 1975년 《창작과비평》에 시「고무신」,「땅의 연가」,「절교장」을 연이
           어 발표.
· 1977년 시집『죽순밭에서』간행.
           광주 동명동 농장다리에서 의문의 정치테러를 당해 뇌
           수술 받음.
· 1978년 시문집『호롱불의 역사』, 시집『벼들의 속삭임』간행.

- 1979년 시집 『죽순밭에서』 판매금지 조치.
    이에 대해 문화공보부에 장문의 항의서 제출.
- 1980년 『벼들의 속삭임』이 계엄사에 의해 압수, 불온서적으로 지목
    5·18민중항쟁 배후조종자로 수배된 뒤 자진출두, 투옥.
- 1981년 시집 『땅의 연가』 간행했으나 판매금지 조치.
- 1983년 시집 『새벽의 서』 간행.
- 1984년 장편서사시 『동소산의 머슴새』 간행.
    서독의 사회적 자선단체 초청으로 황석영, 리영희 등과 방독. 강연과 교류 활동을 펼침.
- 1985년 시집 『아직은 슬퍼할 때가 아니다』 간행.
- 1986년 시집 『5월의 연가』, 『무등산』 간행.
- 1987년 시집 『못 다 핀 그날의 꽃들이여』 간행.
    7월 〈뉴욕타임즈〉 특집판에 고은, 김지하, 정희성, 양성우 시인 등과 함께 '화염병 대신에 시를 던진 한국의 저항시인'으로 소개. 미국 뉴욕의 인권단체 초청으로 방미, 강연과 교류 활동을 펼침.
- 1988년 시집 『양키여 양키여』 간행.
    조선대학교 인문대 국어국문학과 교수로 복직.
- 1989년 시집 『화염병 파편 뒹구는 거리에서 나는 운다』 간행.
- 1990년 시집 『지상에 바치는 나의 노래』 간행.
    조선대 통일문제연구소장으로 동구권 구소련, 영국, 프랑스 등을 방문. 전남일보에 '모스크바 기행'을 연재.
- 1991년 시집 『견우와 직녀』 간행.
    호주의 아시아 태평양 지역 문화센터 초청으로 시드니를 비롯해 곳곳 방문, 강연과 문화교류 활동 펼침.

- 1994년　시집 『불면의 연대』, 『새벽이 오기까지는』, 『겨울 숲에서』 간행. 등단 30주년을 맞아 『무등산에 올라 부르는 백두산 노래』 간행.
- 1997년　시집 『새벽의 차이코프스키』 간행.
- 1999년　시집 『인연서설』 간행.
- 2000년　조선대 국어국문학과에서 정년퇴임.
- 2001년　시집 『꽃에서 푸대접하거든 잎에서나 자고 가자』 간행.
- 2002년　『문병란 시 연구』(허형만·김종 엮음) 간행.
- 2006년　시집 『민들레 타령』 간행.
- 2008년　서은문학연구소 개소.
- 2009년　『내게 길을 묻는 사랑이여』, 『매화연풍』 간행. 지역문화교류재단 이사장을 맡음.
- 2010년　시집 『금요일의 노래』 간행.
- 2011년　영역시집 『시인의 간』(윤명옥 번역) 간행.
- 2012년　육필시집 『법성포여자』 간행.
- 2015년　시집 『장난감이 없는 아이들』 간행.
  9월 25일 오전 6시 15분, 조선대병원에서 타계. 향년 81세
  9월 29일 오전 10시 광주 '민주광장'에서 〈민족시인 문병란 선생 민주사회장〉 엄수.
- 2016년　9월 27일 조선대학교 서석홀에서 1주기 추모제 개최.
- 2025년　9월, 문병란 시인 10주기를 맞아 문병란 대표시선집 『직녀에게』 간행.